DE OLHO NA EQUIPE

DAVID FREEMANTLE

DE OLHO NA EQUIPE

50 pequenos passos para inspirar as pessoas a darem o melhor de si

SEXTANTE

Título original: *The Biz: 50 Little Things That Make a Big Difference to Team Motivation and Leadership*

Publicado originalmente por Nicholas Brealey Publishing, Londres e Boston, 2004.

Publicado em acordo com Nicholas Brealey Publishing.

tradução
Antônio Moura

preparo de originais
Débora Chaves

revisão
Cristhiane Ruiz, Masé Sant'Anna e Sérgio Bellinello Soares

projeto gráfico e diagramação
Selênia Serviços

capa
Marcelo Pereira / Tecnopop

pré-impressão
ô de casa

impressão e acabamento
Associação Religiosa Imprensa da Fé

CIP-BRASIL. CATALOGAÇÃO-NA-FONTE
SINDICATO NACIONAL DOS EDITORES DE LIVROS, RJ

F93o

Freemantle, David
De olho na equipe / David Freemantle [tradução de Antônio Moura]. – Rio de Janeiro: Sextante, 2008.

Tradução de: The biz: 50 little things that make a big difference to team motivation and leadership
ISBN 978-85-7542-405-6

1. Motivação no trabalho. 2. Liderança. 3. Administração de pessoal. I. Título.

08-2054 CDD: 658.4092
CDU: 658

GMT Editores Ltda.
Rua Voluntários da Pátria, 45 – Gr. 1.404 – Botafogo
22270-000 – Rio de Janeiro – RJ
Tel.: (21) 2286-9944 – Fax: (21) 2286-9244
E-mail: atendimento@esextante.com.br
www.sextante.com.br

SUMÁRIO

INTRODUÇÃO

"Como piloto, eu me condicionei a lidar com uma coisa de cada vez. Não se pode queimar etapas. Cada vitória é conquistada passo a passo."
Damon Hill, campeão mundial de Fórmula 1 de 1996

Os melhores líderes são decisivos para os negócios. São eles que fazem a diferença. Motivam sua equipe a ter o melhor desempenho possível e a atingir os objetivos traçados pela empresa não só no dia-a-dia, mas também a longo prazo.

Esse tipo de chefe sabe o que está fazendo e conhece profundamente as pessoas que comanda. Ele sabe se divertir enquanto trabalha duro para alcançar seus objetivos. É focado (orientado para o negócio) e tem percepção aguçada, além de uma energia inesgotável e a ousadia necessária. Este é o jogo: ser eficiente e fazer as coisas acontecerem – para os clientes, para os funcionários, para a empresa e, é claro, para si mesmo.

Liderar não se resume a criar grandes estratégias e traçar objetivos de longo prazo. Tampouco tem a ver com discussões intelectualizadas sobre a missão e os valores a serem aplicados na administração da empresa e na relação com o cliente.

O segredo do sucesso está nas ações diárias, nas pequenas coisas que os chefes fazem e pensam a cada minuto e que exercem grande impacto em sua equipe.

Os melhores líderes começam a dar o exemplo desde o momento em que chegam para trabalhar, às 8h. Sim, eles chegam às 8h, e não às 9h ou às 10h. Cada escolha, até mesmo a hora em que começa o expediente, é observada atentamente pelas pessoas, que se sentem motivadas a seguir o exemplo.

Na verdade, cada hábito de um líder inspirador tem um impacto – seja a maneira que atende o telefone, responde os e-mails, pega um café, bate papo com a secretária ou circula pela empresa dizendo "oi" para cada pessoa e perguntando como foi seu fim de semana.

Os piores líderes condenam esses pequenos gestos, mas os melhores fazem questão de repeti-los diariamente.

Não há uma teoria que explique esse jeito de chefiar, do mesmo modo que não existe uma teoria que explique como agir no casamento. Por isso, não espere encontrar um conjunto de regras, muito menos estratégias grandiosas. Em vez disso, este livro apresenta as ações que farão enorme diferença na maneira como você motiva sua equipe.

Uma premissa básica

A idéia fundamental é que um profissional motivado é mais bem-sucedido em cumprir suas metas e obter os resultados desejados do que um profissional desmotivado. Isso é óbvio, mas vale ser lembrado porque reforça a tese de que para ter bons resultados um chefe deve saber como motivar as pessoas. É impressionante a quantidade de empresas e gerentes que ignoram essa premissa.

As pessoas em primeiro lugar

Meu primeiro cargo executivo foi como gerente de produção da Mars, uma fábrica de chocolates. A Mars era, e ainda é, uma empresa excelente. Foi lá que aprendi muito sobre administração e gerenciamento de pessoas, e uma das lições mais valiosas que tive foi a de que para ser bem-sucedido no mundo dos negócios é preciso dedicar tempo e energia para compreender o ser humano. Tenho aplicado esse princípio ao longo de toda a minha carreira, que reúne uma série de experiências boas e más, incluindo um período como diretor de uma companhia aérea, e posso assegurar que, se o supervisor não se dedicar ao seu funcionário, a recíproca será verdadeira – ou seja, o funcionário também não vai se dedicar à empresa.

Apesar da proliferação de departamentos de recursos humanos (o que pode ser parte do problema), a filosofia empresarial da Mars é rara. Quando se visita uma empresa, é comum encontrar profissionais desestimulados reclamando de seus chefes. Eles se sentem desvalorizados e se queixam do fato de serem muito cobrados e tratados com desprezo, além de terem poucos benefícios.

Embora muitos executivos aceitem a idéia de que é preciso valorizar as pessoas para ser bem-sucedido, isso raramente acontece. Na busca do lucro fácil, a maioria negligencia um fator essencial no mundo dos negócios – o fator humano.

Optando por atitudes positivas

Um chefe que se comporta de forma positiva estimula as pessoas ao seu redor a fazerem a mesma coisa. Assim, se o seu supervisor reclama aos gritos quando alguma coisa sai errada, você tem duas opções: ficar desmotivado (agir de forma defensiva e negativa) ou encarar a bronca como uma motivação (aprender e aplicar o que aprendeu).

Da mesma forma, o chefe também tem a possibilidade de escolher. Ele pode advertir o funcionário por achar que dessa forma vai motivá-lo, sem perceber que pode estar ofendendo ou magoando a pessoa, ou atuar como orientador e, assim, o incentivar a aprender. Todos os chefes sabem que as escolhas (não importam quais) influenciam o estado de espírito das pessoas. Quando o resultado é bom, ou seja, quando os objetivos são alcançados porque a equipe está focada e direcionada para isso, é sinal de que o chefe sabe o que está fazendo. Fazer a escolha certa é parte do trabalho gerencial.

Sobre este livro

Ele trata justamente dessas escolhas, do fator humano e da mentalidade empresarial, dando ênfase às pequenas ações que um chefe deve realizar. É dirigido a qualquer líder que precise motivar sua equipe diariamente, seja ele um gerente de banco, um chefe de seção numa loja de departamentos, numa repartição pública, numa instituição de caridade, um supervisor de uma empresa de televendas ou mesmo um estagiário aspirando à promoção.

Confúcio disse: "Uma longa jornada começa com o primeiro passo." Este livro é sobre todos os pequenos passos necessários para ser bem-sucedido no mundo dos negócios.

Sugiro que você leia um capítulo por dia e aplique os princípios ali apresentados na sua rotina diária como gerente. Se conseguir incorporar cada uma das atitudes e comportamentos sugeridos, vai construir uma reputação de chefe inspirador que não se exime de colocar a mão na massa sempre que necessário.

Este livro também pode ser usado como referência nas reuniões de equipe, diárias ou semanais, que muitos executivos gostam de realizar. Uma idéia é incluir os temas dos capítulos na pauta de reunião: "Feedback – o que posso fazer para ser um chefe melhor? Por exemplo, devo fazer mais isso...".

Outra utilidade é usar os temas como base para o desenvolvimento dos treinamentos internos. Como é impossível separar a motivação do funcionário da do cliente (afinal, uma deriva da outra), sugiro também que se leia o livro *De olho no cliente: 50 pequenos passos para oferecer um atendimento extraordinário.*

Garanto que, se você aplicar as dicas aqui apresentadas, em cerca de dois meses sua equipe se sentirá renovada e todos os objetivos traçados por sua empresa serão atingidos.

Portanto, mãos à obra.

DESCUBRA SEU VERDADEIRO TALENTO

Um chefe competente lhe dirá o seguinte: "O que importa são as pessoas." Um incompetente irá dizer: "O que importa é o lucro."

Como disse Confúcio: "O que você traz no coração vale mais do que o que você traz na bolsa."

Os melhores líderes dedicam sua vida profissional a ajudar as pessoas a descobrirem seus verdadeiros talentos de modo que isso reflita em quem está ao seu redor. A idéia é que todos saiam ganhando.

Ao começar qualquer projeto, os melhores chefes colocam em prática 12 princípios básicos de liderança e motivação. São comportamentos fundamentais para quem pretende obter o melhor desempenho possível de sua equipe.

1. **Faça das pessoas sua maior prioridade**
2. **Seja um exemplo**
3. **Estabeleça objetivos (sonhe)**
4. **Contrate os melhores**
5. **Pague o salário mais competitivo**
6. **Personalize seus relacionamentos**
7. **Demonstre confiança em sua equipe**
8. **Comunique-se**
9. **Incentive o aprendizado**
10. **Saiba o que deseja ser na vida**
11. **Aceite sugestões**
12. **Avalie o que é importante**

1 FAÇA DAS PESSOAS SUA MAIOR PRIORIDADE

Coloque sempre sua equipe em primeiro lugar quando estiver organizando sua agenda.

A coisa mais importante que você pode fazer é estar disponível para as pessoas que trabalham ao seu lado e assim deixar bem claro que elas são a sua prioridade. Aquele tempo a mais, o bate-papo no corredor e a pausa para relaxar são fundamentais, se você quiser deixar sua equipe motivada para o trabalho.

Priorizar as pessoas significa apoiá-las integralmente sempre que for necessário. Nada é mais importante para os negócios. Além disso, para manter um profissional estimulado, é importante que ele se sinta valorizado e que tenha consciência da importância de sua contribuição para a empresa. Ele também precisa saber que, se pudesse, o chefe devotaria seu tempo a apoiá-lo, em vez de fazer qualquer outra coisa.

78 minutos importantíssimos

- Um minuto observando o carro novo do Fernando.
- Dois minutos provocando o Eduardo porque o time dele perdeu.
- Três minutos ouvindo o pessoal comentar sobre o casamento da irmã de Jaime.
- Quatro minutos revisando com o Aílton o relatório do projeto que ele preparou.
- Cinco minutos ouvindo o feedback de André sobre a reunião de que ele participou.
- Seis minutos orientando Carlos sobre seu orçamento e seus planos.
- Sete minutos parabenizando Mercedes pelo sucesso nas vendas.
- Oito minutos aconselhando Cláudia sobre seus problemas de relacionamento.
- Nove minutos conversando com Jaqueline sobre a sugestão que ela deu para atualizar o site da empresa.
- 10 minutos ajudando Ana a preparar sua apresentação para o presidente da empresa.

- 11 minutos conversando com a Beatriz a respeito de seu pedido de transferência.
- 12 minutos comunicando à equipe os resultados da última semana.

Quando um líder não encontra tempo para se dedicar à sua equipe, as pessoas se sentem negligenciadas e começam a achar que seu chefe não está interessado em seu trabalho e em seus problemas. Como muitas vezes é necessário se ausentar, é essencial reservar um tempo para circular pelo escritório e bater um papo enquanto toma um café. A agenda de um chefe não pode ser tão cheia que não sobre tempo para o convívio com as pessoas.

O objetivo de estar disponível para seus funcionários não é apenas para dar instruções, mas para entender o que está acontecendo em sua vida profissional e pessoal. Os melhores líderes sempre demonstram interesse pelas pessoas que comandam. Querem saber as necessidades de cada um e os problemas que ocorrem no dia-a-dia, seja um equipamento com defeito ou um cliente encrenqueiro.

Os líderes devem ajudar seus funcionários a resolverem qualquer situação incômoda no ambiente de trabalho. Quando necessário, eles podem até recorrer aos seus superiores para solucionar o problema.

Para evitar esse tipo de situação e mostrar que está disposto a resolver qualquer conflito ou dificuldade, converse regularmente com cada integrante da equipe e se mantenha atualizado sobre o andamento dos projetos, assim como dos obstáculos que estão surgindo.

Quando algo mais sério acontecer, deixe tudo de lado e junte-se à equipe. Falte àquela reunião importante ou cancele a viagem que estava programada; enfim, não meça esforços para estar ao lado das pessoas e ajudá-las a resolver o problema.

PASSO 1

Pergunte à sua equipe: Vocês acham que eu estou disponível sempre que precisam de ajuda?

DICA

Sua postura em relação à vida não se reflete no modo como gasta o dinheiro, e sim no modo como você gasta o seu tempo e nas coisas que estabelece como prioridade.

2 SEJA UM EXEMPLO

Cada coisa que você diz ou faz deve servir de modelo.

Tudo o que você faz exerce uma influência positiva, negativa ou é indiferente no que se refere à motivação de sua equipe. É inevitável. Como chefe, você está o tempo todo sendo observado, até mesmo quando as pessoas não podem vê-lo fisicamente. Na verdade, chefes ausentes são os piores exemplos, já que nunca estão disponíveis quando os funcionários precisam deles. Não que o fato de estar presente no escritório, interferindo em cada passo dado, seja um bom exemplo. O ideal é estabelecer um padrão de comportamento que a equipe possa assimilar.

O mesmo acontece com princípios e normas. Não é necessário escrevê-los no papel ou discuti-los à exaustão – seus valores se refletem em tudo o que você faz e, dessa forma, servem como exemplo da conduta que sua equipe terá que adotar para satisfazê-lo.

Os melhores líderes são exemplos de:

- Pontualidade (chegam sempre na hora).
- Solidariedade (estão sempre disponíveis para ajudar).
- Simpatia (são receptivos e atendem bem os visitantes).
- Franqueza e transparência (são confiáveis).
- Cortesia (são respeitosos e educados).
- Igualdade (tratam a todos da mesma maneira).
- Capacidade de ouvir (prestam atenção ao que as pessoas têm a dizer).
- Dedicação (nunca se esquivam ou subestimam a situação quando a equipe está sob pressão).
- Atitude positiva (nunca se queixam ou falam mal dos outros).
- Eficiência no trabalho burocrático (poucos erros; dados e números exatos e apresentações impecáveis).
- Poder de decisão (sabem a hora de tomar decisões e de delegar esse poder à equipe).

Os líderes se esforçam para superar as expectativas, para ter um desempenho excelente, para que seus erros sejam esquecidos e para que as lições nunca deixem de ser aprendidas. O modo como eles conversam com os clientes estabelece o parâmetro pelo qual sua equipe o julgará. Se o seu padrão for baixo, o exemplo será negativo. Se, ao contrário, o padrão for alto, todos tentarão seguir o seu exemplo. Isso também se aplica aos relatórios bem redigidos, à rapidez na resposta dos e-mails e à clareza de suas apresentações.

A forma como o líder age com os funcionários demonstra o que ele pensa e sente em relação a eles. É um reflexo de sua própria personalidade.

Quais são os bons exemplos que você dá na empresa?

O comportamento do chefe precisa ser dinâmico e ágil, e não estático. E pode ser melhorado à medida que ele amplia seus limites pessoais e profissionais. Os grandes líderes estão sempre à procura da alternativa mais eficiente, seja para conquistar clientes, relacionar-se com os fornecedores, lidar com a diretoria, incentivar a equipe e, porque não, divertir-se.

Incentivos, comemorações, elogios, punições e comentários sarcásticos podem entusiasmar ou desestimular uma equipe. A motivação é resultado do comportamento dos chefes – são eles que dão o tom, do momento em que chegam, na segunda-feira de manhã, até a hora de ir embora, na sexta-feira à noite. Mas a motivação também está relacionada às pessoas com as quais os chefes falam (ou não) e ao que eles fazem ao longo da semana.

O imperador pode estar nu, mas o povo o verá como ele é – esse é o padrão pelo qual o chefe é avaliado. Não há como escapar da realidade. O exemplo não pode ser imposto; ele tem que ser exercido, como tudo o mais que o chefe faz.

PASSO 2

Tenha consciência do exemplo que você dá diariamente e faça tudo para que seja o melhor. Este é o mundo dos negócios.

DICA

Quer queira ou não, como chefe você é um exemplo a ser seguido. A questão é: o seu exemplo é bom?

3 ESTABELEÇA OBJETIVOS (SONHE)

Tudo o que você e a sua equipe fazem precisa ter uma meta. Desejar algo profundamente é a fonte de toda motivação.

Um líder eficiente sempre deixa bem claro para onde está levando o negócio a médio e a longo prazos. A palavra da moda para isso é "visão".

Existem duas outras maneiras de expressar sua visão do negócio: o "objetivo" e a "aspiração". Uma empresa eficiente tem uma aspiração de liderança junto com o desejo de torná-lo realidade. Os dois são conectados na medida em que é necessário ter disposição para perseguir uma meta.

Por exemplo, Nelson Mandela tinha não apenas uma aspiração (sonho), mas também um objetivo: pôr fim ao apartheid e unificar a África do Sul. Walt Disney também possuía um sonho e uma meta: proporcionar felicidade por meio de personagens divertidos, filmes, desenhos animados e parques temáticos. Ambos conseguiram.

Todo mundo se identifica com essas metas porque elas representam suas crenças pessoais e aspirações sobre a melhor maneira de ir para a frente e crescer na carreira – hoje, amanhã e no próximo ano. A fé (no objetivo) e o sonho (aspiração) fazem parte da alma da pessoa e são elas que estimulam as energias espirituais que conduzem o comportamento.

Tudo o que um líder diz ou faz deve refletir as aspirações que ele cultiva em relação ao negócio. Quando isso se expressa de forma simples e significativa, as pessoas conseguem se identificar. E, assim, criam coragem, energia e motivação para apoiar e participar da caminhada rumo à visão do negócio.

Para descobrir o que o motiva basta completar a frase: "Estou fazendo isso por causa da ou do..." Se a resposta é clara, sucinta e satisfatória, é provável que você tenha um objetivo capaz de mobilizar as pessoas ao seu redor.

Qualquer pesquisa sobre um líder famoso irá revelar uma meta. Churchill tinha a sua (e Hitler também, apesar de tudo). Jack Welch desejava ser o executivo número 1 da General Electric, e Michael Dell sonhava em encontrar uma maneira de produzir e distribuir computadores pelo menor custo possível.

Entretanto, a meta não pode ser estabelecida apenas pelos executivos que dirigem as empresas. Um objetivo estratégico de alto nível é essencial, mas cada líder de equipe precisa ter o seu objetivo operacional – e cada funcionário também. Num mundo perfeito, os três objetivos (estratégico, de equipe e individual) devem estar intrinsecamente interligados.

Exemplos de objetivos operacionais:

- Como equipe, vamos fazer de tudo para que o cliente fique satisfeito com nosso trabalho.
- Como serviço de televendas, vamos atender o cliente da maneira mais eficaz e calorosa possível, porque queremos causar a melhor impressão. Assim, a empresa será sempre lembrada de forma positiva.
- Como equipe técnica, vamos aprimorar nossos conhecimentos para resolvermos o problema do cliente de forma rápida e definitiva.
- Como engenheiros, vamos trabalhar o fim de semana inteiro porque queremos que o problema técnico seja resolvido.
- Como equipe de vendas, vamos procurar ter o melhor relacionamento com o cliente porque queremos aumentar os lucros da empresa.

PASSO 3

Dê um pequeno passo hoje e estabeleça a meta de sua equipe. Pergunte a si mesmo e ao pessoal: "Por que estamos fazendo isso?" Isso o ajudará a chegar à resposta. Se ela não for consistente ou não se adequar à sua aspiração, então reconsidere seu trabalho e a maneira como vai abordá-lo.

DICA

O ideal é que o funcionário, a equipe e a empresa estejam concentrados em uma causa (crença e aspiração). Essa é a visão.

4 CONTRATE OS MELHORES

A pessoa mais indicada para ser contratada é aquela que está motivada a ser a melhor em sua área.

Este é o primeiro passo no mundo dos negócios: a menos que você contrate os melhores profissionais, enfrentará problemas por muito tempo. Quando você opta por um profissional de segunda ou terceira categoria, pode se preparar para perder um tempo precioso tentando desvencilhar a empresa dos problemas criados por ele. Seu fraco desempenho acaba envolvendo pessoas de vários departamentos na tentativa de resolver as complicações que ele provoca.

Se há algo que pode fazer a diferença na hora de contratar, é descobrir o que deixa os candidatos motivados. Isso estará refletido em:

O melhor histórico	O candidato está determinado a atingir os melhores resultados.
As maiores habilidades/talentos	O candidato sabe do que é capaz e quer desenvolver seu potencial, tanto no âmbito pessoal quanto no profissional.
A melhor experiência	O candidato está motivado a enriquecer o currículo por meio de novas experiências.
O melhor conhecimento	O candidato está decidido a se tornar um especialista na área escolhida.
O melhor comportamento	O candidato está interessado em criar a melhor abordagem pessoal.
O melhor relacionamento	O candidato está motivado a trabalhar em equipe.
O melhor potencial	O candidato é ambicioso e planeja ter um desempenho ainda melhor.

A maior dedicação	O candidato está disposto a trabalhar duro para atingir metas pessoais.
A melhor atitude	O candidato está motivado a ser positivo, solidário e bom colega.
A maior criatividade	O candidato está decidido a encontrar a maneira mais criativa para contornar problemas e, assim, ajudar na conquista de um futuro brilhante para a equipe e para a empresa.
Os melhores empregadores	O candidato está determinado a trabalhar somente para os melhores empregadores.
O melhor salário	O candidato vê o salário como um "termômetro do sucesso"; portanto, ambiciona um salário competitivo.

Esses fatores se aplicam tanto à contratação de um executivo quanto à de um motorista de ônibus. Por exemplo, é mais produtivo escolher um candidato que esteja motivado a alcançar a excelência como motorista especialista em direção defensiva do que um que só está lá porque precisa do salário.

Não é fácil encontrar bons profissionais. Ainda que a oferta de mão-de-obra qualificada esteja escassa no mercado, não é recomendável baixar as expectativas e contratar uma pessoa menos habilitada.

Uma estratégia usada por muitos executivos inovadores é contratar todos os profissionais excepcionais que encontrarem pelo caminho. Mesmo quando a empresa não tem, naquele momento, uma vaga adequada para as habilidades daquelas pessoas, eles não hesitam em tomar a decisão de contratar. Depois tratam de abrir espaço para elas.

Isso significa que para ser bem-sucedido é preciso recrutar os melhores. Em cada etapa do processo seletivo é necessário buscar a excelência – sem exceções.

PASSO 4

Quando precisar preencher uma vaga em sua empresa, atribua a palavra "melhor" não só para cada critério do processo seletivo como também para depois disso, nas habilidades do dia-a-dia.

DICA

A qualidade da empresa é um reflexo da qualidade dos profissionais que contrata.

5 PAGUE O SALÁRIO MAIS COMPETITIVO

Se um integrante de sua equipe troca de emprego apenas porque recebeu uma oferta salarial melhor, é sinal de que você fracassou como líder.

A filosofia que permeia todas as dicas e orientações apresentadas neste livro é a de que, para que sua equipe tenha um desempenho excepcional, o chefe tem que cercá-la de cuidados. Um dos itens mais importantes é pagar a melhor remuneração possível dentro do orçamento disponível.

O funcionário não é uma mercadoria para ser negociada em cima de um balcão, mas, se você não pagar um salário competitivo, outra empresa o fará e você deixará de ser o melhor. A política de contratar a mão-de-obra mais barata traz sérios prejuízos à empresa.

A máxima de que "as pessoas são nosso maior patrimônio" perde o sentido se você não se esforça para oferecer salários e benefícios de primeira linha. Em tempos de crise, em que a margem de lucro é decrescente, são os profissionais mais bem preparados e competentes que vão ajudá-lo a sair do vermelho. Se você oferece valores pouco atraentes em vez de promoções e bônus por seu bom desempenho, é provável que os afugente em vez de conquistá-los. A longo prazo isso pode prejudicar o resultado da empresa.

Os líderes eficientes têm equipes bem remuneradas e não hesitam em buscar os melhores profissionais onde quer que estejam. A qualidade do serviço, a motivação e o desempenho do negócio (lucro) serão afetados tão logo o funcionário perceba que terá mais vantagens em outra empresa.

Num mercado supercompetitivo, se você quer o melhor para o cliente e para a empresa, não há outra lógica a seguir:

A chave do sucesso

Para obter os melhores resultados, você precisa ter os melhores profissionais. Para contratá-los e mantê-los na empresa, você precisa pagar o melhor salário.

A maioria das pessoas quer o melhor não só para si e para a família, mas também para a sociedade como um todo. É prerrogativa do profissional – não de seu chefe – determinar o que é de seu interesse.

Para a grande maioria das pessoas, existem oito fatores capazes de mobilizá-las e motivá-las. Vejam quais são:

- Alimentar a família.
- Ter um teto.
- Proporcionar aos filhos a melhor educação.
- Ter saúde e poder contar com a melhor assistência médica.
- Ter estímulo para aproveitar os momentos de lazer e as férias.
- Dedicar-se ao trabalho e colaborar para o sucesso da empresa.
- Aperfeiçoar o desempenho profissional.
- Poder contribuir para o bem-estar da sociedade.

O que é percebido pelas pessoas como sendo "melhor" precisa levar em consideração o mercado e também o tipo de benefício que os funcionários valorizam. São eles que decidem o que é vantajoso; não é o chefe nem a empresa.

Se você é um líder e sonha em ocupar a posição de número 1 do mercado, precisa oferecer os melhores salários e benefícios possíveis.

PASSO 5

Você não pode permitir que seus funcionários se sintam mal por causa dos baixos salários oferecidos. Isso colocaria a empresa em risco. Ofereça a melhor recompensa dentro da realidade financeira da empresa. Depois cobre da equipe um desempenho à altura.

DICA

O que você paga aos acionistas é determinado pelo que paga aos funcionários. Quanto maior a remuneração, mais felizes os dois serão.

6 PERSONALIZE SEUS RELACIONAMENTOS

Você não vai conseguir motivar sua equipe, a não ser que personalize seu relacionamento com as pessoas.

Você pode dar o nome que quiser – relação profissional ou relação de trabalho –, mas, no fim das contas, tudo se resume à nossa capacidade de conviver bem com as outras pessoas. Empresas bem-sucedidas são construídas a partir de bons relacionamentos, sendo que as interações mais essenciais são aquelas entre os líderes e suas equipes. Quando isso fracassa, a empresa também fracassa.

Para ser bem-sucedido, o líder precisa descobrir uma série de informações pessoais sobre cada integrante da equipe e, a partir daí, iniciar um relacionamento baseado em interesses em comum. Para estabelecer um relacionamento mais produtivo com seus funcionários, é fundamental que o chefe se interesse pela vida pessoal deles. Veja os exemplos:

- Como foi a festa de aniversário do Valmir?
- O que a Ana gosta de fazer nos fins de semana?
- A Laura já se formou?
- O Eduardo já resolveu aquele problema na justiça?
- Você foi visitar a Lucy no hospital?
- Como estão os pais do Túlio?
- Por que o Samuel está com aquele ar triste?
- Qual é a verdadeira meta do Luís?
- Por que o Carlos anda tão aborrecido?
- Onde o Márcio vai passar as férias?
- O que a Nilda gosta de fazer nas horas de folga?
- Quando vai ser a colação de grau do Michel?
- O que a Fátima achou do filme que ganhou o Oscar?
- Será que posso ver as fotos dos netos da Gláucia? Aqui estão as fotos dos meus filhos.

Dar um toque pessoal ao relacionamento significa respeitar as características pessoais de cada funcionário e saber o que o faz agir daquela maneira, o que o aborrece, o que o faz feliz e o que o motiva a trabalhar. Significa também conhecer um pouco sobre sua família e sobre o que gosta de fazer em suas horas de lazer, assim como tentar compreendê-lo e ajudá-lo a alcançar os objetivos por ele traçados no campo profissional.

Não há nada mais motivador do que ter um relacionamento próximo com seu superior imediato. A relação de trabalho impessoal é sempre frustrante e desestimulante. Mas é preciso saber que a proximidade no trabalho é uma rua de mão dupla: requer também que você revele aos seus funcionários algumas particularidades suas. Isso ajuda a criar um vínculo afetivo entre você e sua equipe, pois revela seu lado humano, sentimental.

É importante conhecer os limites desse tipo de relacionamento. Ter uma relação próxima não significa ter um contato mais íntimo, e sim descobrir áreas de interesse comum que sirvam de base para a construção de uma relação de amizade.

Uma vez conheci o diretor de uma grande instituição financeira que costumava anotar o nome dos funcionários e suas características mais importantes quando visitava uma filial. Quando voltava àquele departamento, relia suas anotações e assim cumprimentava a recepcionista pelo nome, Cristina, e até perguntava sobre suas duas filhas, Sofia e Débora.

Não é difícil dar um toque pessoal ao relacionamento com a equipe. Tudo o que você tem a fazer é esquecer o trabalho por alguns minutos e lembrar que está lidando com pessoas de verdade, que têm outros interesses além dos profissionais. Fazendo isso, você humaniza a relação profissional.

PASSO 6

Esforce-se diariamente para construir uma relação mais próxima de sua equipe. Demonstre interesse no que eles fazem fora do trabalho.

DICA

Para conquistar as pessoas, você tem que se aproximar delas. Não é um processo intelectual, e sim afetivo.

7 DEMONSTRE CONFIANÇA EM SUA EQUIPE

Dê autonomia e liberdade para que sua equipe toque o negócio e tome as decisões necessárias.

Qualquer profissional trabalha melhor quando tem liberdade de ação e sente que a empresa tem total confiança em seu desempenho. Existe um mito de que a confiança precisa ser conquistada, que é preciso começar do zero e, aos poucos, conforme o seu comportamento, alcançar uma posição confiável. Isso é irreal, impraticável e só gera desconfiança. O livro *Tao Te Ching* diz: "Quando você não confia em ninguém, ninguém confia em você."

O que você precisa fazer, caso queira ser um líder arrojado, é depositar total confiança em toda a equipe logo de início. Até que se prove o contrário, você tem que acreditar em cada um de seus integrantes para que eles tenham um bom desempenho e tomem as decisões necessárias. Eles precisam de autonomia, não podem procurá-lo a cada cinco minutos solicitando permissão para dar um passo ou para gastar R$ 100 num almoço com o cliente.

Na verdade, sua autorização só deve se fazer necessária quando se tratar de uma ação realmente dispendiosa. O ideal seria que cada integrante da equipe tivesse a liberdade de escolher sua própria carga horária, seu horário de almoço e lanche, bem como onde trabalhar e também como realizar as tarefas. É isso que chamo de liberdade total.

Henry Stewart, diretor executivo da Happy Computers, diz o seguinte: "Desde que os princípios da empresa sejam respeitados, os funcionários podem escolher seu próprio horário de trabalho e também o nome do cargo que ocupam, além de contar com outras vantagens."

A confiança é a base do trabalho em equipe. É por meio dela que o grupo desenvolve o senso de responsabilidade e age em nome dos interesses da empresa. É altamente motivador, pois é como se a empresa passasse uma procuração para que cada funcionário tome decisões em seu benefício.

Quando a empresa confia no funcionário, ela pára de tomar decisões por ele, numa demonstração de que confia em seu potencial. Além do mais, ela parte do princípio de que o treinou bem e que, por isso, ele dispõe do conhecimento e da experiência necessários para tomar suas próprias decisões. Até que se prove o contrário, todo funcionário é digno de confiança.

Um ponto crítico em relação à confiança, liberdade e responsabilidade são as questões que envolvem dinheiro. Um bom teste para saber como você lida com essas questões é se perguntar: "Quanto do orçamento da empresa um alto executivo pode gastar sem precisar da autorização de seu superior hierárquico?" Quanto maior a quantia, maior a liberdade e a confiança que você tem na empresa em que trabalha.

Para testar o grau de liberdade e de confiança que você desfruta na empresa, veja o que os altos executivos geralmente podem fazer sem ter que pedir autorização ao chefe e o que você tem autonomia para fazer:

- Comprar material de escritório.
- Escolher seu próprio horário de trabalho.
- Gastar dinheiro cortejando os clientes.
- Investir em treinamento.
- Encomendar um equipamento novo.
- Trabalhar em casa quando precisar terminar algum projeto importante.
- Receber fornecedores.
- Organizar uma festa.
- Promover mudanças no ambiente de trabalho (mudar as mesas de lugar, por exemplo).

PASSO 7

Para demonstrar confiança e dar liberdade aos funcionários, reveja seu orçamento. Seus executivos mais experientes têm autoridade para realizar as tarefas de maneira eficaz?

DICA

Confiança é sentimento mútuo. Antes de você confiar na equipe, a equipe tem que confiar em você.

8 COMUNIQUE-SE

Mantenha sua equipe informada sobre o que está acontecendo – e faça isso agora.

A agilidade é um fator decisivo na comunicação entre os integrantes de uma equipe. Sempre que receber alguma notícia, é fundamental que você a repasse imediatamente às pessoas que trabalham com você. Todos ficam entusiasmados quando estão entre os primeiros a ser informados de alguma coisa, e desmotivados quando são os últimos a saber das novidades.

Existe uma série de providências que você pode tomar para manter a equipe a par de tudo o que está acontecendo na empresa:

- Assim que receber uma notícia importante, informe sua equipe. Transparência é prioridade.
- Comunique os fatos sem floreios, direto ao ponto.
- Sempre que possível, faça os avisos pessoalmente. Se não for possível, telefone. E-mails e mensagens de texto só devem ser usados como último recurso, visto que denotam preguiça da parte do chefe.
- Se você tiver alguma opinião em relação ao que está acontecendo, deixe bem claro que se trata da sua visão pessoal.
- Reúna a equipe e fale uma só vez (evitando assim sessões individuais).
- Caso o item anterior não seja possível, dirija-se a cada integrante da equipe de forma concisa.
- Informe aos funcionários apenas aquilo que for do interesse deles ou que eles achem ser de seu interesse.
- Ao fazer um comunicado à equipe, faça-o de maneira confidencial. Assim, estará demonstrando quanto crédito você lhe dá.
- Se o que você tiver que dizer for confidencial (e sensível do ponto de vista comercial), não o faça por escrito, apenas verbalmente.
- Largue tudo o que estiver fazendo para informar sua equipe. Os melhores chefes sempre reservam um espaço na agenda para isso. Assim, se estiver numa reunião de diretoria, repasse o conteúdo discutido a seus subordinados logo depois.

Os funcionários são curiosos por natureza. Eles sentem quando está ocorrendo alguma coisa na empresa que poderá afetá-los. Começam então a especular, a fazer fofoca e a espalhar boatos. É a famosa "Rádio Corredor" que causa um clima de insegurança dentro da empresa por causa dos grupinhos reunidos nos cantos e das meias-verdades que eles divulgam.

Só há uma maneira de evitar esse tipo de comportamento: informar e divulgar oficialmente, a um maior número de pessoas possível, o que quer que esteja ocorrendo.

Descobrir por intermédio de um colega sobre uma mudança que vai afetá-lo é a pior coisa que pode acontecer. Quando seu chefe direto não o avisa sobre algo de seu interesse, é porque algo não vai bem entre vocês. A falta de comunicação desestimula e desvaloriza o profissional. Afinal, é como se o chefe estivesse dizendo que "tem mais o que fazer do que ficar comunicando mudanças importantes à equipe".

Qualquer novidade tem que ser informada primeiro aos funcionários e só depois divulgada na mídia. Para isso, o chefe precisa conhecer muito bem as pessoas com quem trabalha e ter a sensibilidade de discernir o que de fato é importante para elas e o que não é.

PASSO 8

Na posição de líder de equipe, siga sempre um padrão de comportamento: "Depois de mim, minha equipe é a primeira a ser informada das novidades. Isso é uma prioridade."

DICA

A única função de um gerente é se comunicar bem.

9 INCENTIVE O APRENDIZADO

Priorize a aprendizagem, não o treinamento.

No ambiente de trabalho, o treinamento é fundamental para desenvolver aptidões que não envolvem o contato com outras pessoas (digitar, manobrar uma empilhadeira ou consertar um computador), mas não tem o mesmo efeito quando se trata de aperfeiçoar habilidades que incluem o contato direto com o público (vendas, atendimento ao cliente e liderança).

Você não pode treinar um casal para ser feliz, mas eles podem aprender com o convívio. O mesmo se aplica a todas as outras áreas da vida pessoal e profissional:

- Aprendi que a felicidade é uma escolha.
- Finalmente, aprendi o que é depreciação e como os contadores a calculam.
- Descobri umas funções novas do software que acabamos de instalar.
- Soube que nossos clientes estão aborrecidos com a demora na entrega e descobri que posso resolver o problema.
- Aprendi coisas a meu respeito – algumas pessoas me acham negativo demais e reclamam disso com freqüência.
- Descobri que o nosso gerente geral fala mandarim fluentemente.
- Soube das novas condições de nosso certificado de garantia.
- Aprendi como conquistar novos mercados.

O treinamento de uma pessoa se resume a levá-la a executar regularmente uma série de competências específicas. O processo é inconsciente e não exige muito raciocínio. As habilidades desenvolvidas por treinamento são palpáveis e podem ser avaliadas. Depois de um tempo, elas acontecem automaticamente.

O aprendizado, ao contrário disso, depende da motivação e do autoaperfeiçoamento. É um processo contínuo e não se resume a desenvolver habilidades, e sim a adquirir e aplicar o conhecimento, a experimentar e a ter sabedoria.

Quando um profissional está motivado a aprender, ele tira o máximo proveito não só do treinamento como também das outras oportunidades e experiências. Porém, se ele não estiver disposto, treiná-lo será perda de tempo.

O que descobri hoje é que não aprendi nada ontem.

Os melhores líderes fazem de tudo para motivar a equipe a aprender e estão sempre criando oportunidades nesse sentido. Por exemplo:

- Eles estudam os relatórios técnicos a respeito de um novo produto junto com sua equipe.
- Eles delegam tarefas que irão obrigar as pessoas a aprenderem algo novo.
- Eles promovem jogos de perguntas e respostas e premiam os melhores.
- Eles convidam palestrantes para pequenas conferências na hora do almoço.
- Eles providenciam livros, periódicos e DVDs para que as pessoas possam enriquecer seu conhecimento.
- Eles chamam a atenção para os erros e fazem deles uma fonte vital de aprendizagem.
- Eles dedicam meia hora toda semana para discutir temas previamente definidos.

O ideal é que o aprendizado aconteça diariamente e que as lições sejam apresentadas por um instrutor que faça parte da equipe (ou o próprio chefe).

Um aspecto inerente ao processo de aprendizagem é a identificação de aspirações pessoais e a conseqüente busca por sua realização. Assim, se um funcionário quiser trocar a área administrativa pela de vendas, um líder perspicaz tratará de oferecer as necessárias oportunidades de aprendizagem.

Os líderes que consideram importante o desenvolvimento pessoal de sua equipe sempre encontram uma maneira de garantir que ele aconteça.

PASSO 9

Identifique as aspirações de crescimento profissional de cada integrante de sua equipe e ofereça algumas oportunidades de aprendizado para que cada pessoa possa se tornar melhor e mais competente em sua carreira.

DICA

Humildade é a chave da aprendizagem. Ela ajuda a pessoa a se conscientizar de que sempre é possível ser e fazer melhor.

10 SAIBA O QUE DESEJA SER NA VIDA

Mostre sinceridade em suas aspirações e em seu comportamento no ambiente de trabalho.

Tudo o que você faz no ambiente de trabalho deve refletir sua verdadeira personalidade e também suas aspirações. Se tentar ser o que os outros querem que você seja, vai soar falso, artificial. Tão logo comece a bancar o papagaio, imitando o que os outros dizem e pensam, vai ser visto como um tolo, uma pessoa sem vontade própria que muda de posição e de opinião conforme o vento – um camaleão corporativo que a cada semana "muda" de acordo com a tendência do momento.

Não é fácil ser autêntico, mas, em compensação, trata-se de um exercício que facilita a tomada de consciência de suas convicções e a coragem para defendê-las. Não é todo mundo que tem a ousadia de sustentar uma posição quando é mais seguro manter a cabeça abaixada para não se tornar um alvo fácil. O conformismo é, sem dúvida, o caminho mais seguro, mas não serve a quem pretende conquistar credibilidade.

Quando você luta para defender suas crenças, acaba adquirindo respeito e autonomia para agir e falar. Sempre que diz alguma coisa, todos sabem que está falando a verdade, que não é o tipo que diz uma coisa num dia e outra no outro. Seja franco e transparente, diga tudo o que pensa. Nada pode soar falso na sua atitude e no seu discurso. Tudo tem que transpirar autenticidade.

Ser autêntico requer um alto grau de discernimento no que se refere às suas habilidades e limitações e aos seus sentimentos, mas também ao modo como eles estão relacionados com seus princípios, valores, filosofia de vida e aspirações. Ter consciência do que você deseja traz à tona todos os seus pontos fortes e fracos, pois, à medida que segue seu rumo, tenta cada vez mais melhorar os primeiros e minimizar os segundos.

Pode ser muito motivador ter um chefe que age com tamanha franqueza, pois isso permite saber exatamente como ele é. Isso aproxima o funcionário criando um vínculo forte e uma relação sem medo e variações de humor.

Faça uma auto-análise

Quem sou eu? Quem quero ser?

ESTE SOU EU	É ASSIM QUE QUERO SER
Tímido	Extrovertido
Inteligente	Solicitado a dar dicas inteligentes
Meio solitário	Socialmente aceito pela equipe
Especialista na minha área	Respeitado pela minha qualificação
Desvalorização de mim mesmo	Confiante e admirado
Baixa auto-estima	Alta auto-estima
Meio egoísta	Generoso e solidário
Meio intolerante	Confiável e tolerante

Quando você se conhece profundamente, passa a ser capaz de revelar seus sentimentos. Em conseqüência, seu estilo comportamental torna-se realmente um reflexo de sua verdadeira personalidade.

Quando você conversa com as pessoas de sua equipe e demonstra interesse pelo que elas dizem é porque você de fato se importa com elas, não porque leu isso num livro ou porque aprendeu num treinamento que deve fazê-lo. A naturalidade com que oferece alguma coisa a alguém, seja um bombom ou um elogio, faz com que as pessoas percebam que se trata de um gesto sincero, e não de um artifício para obter vantagens no futuro.

Falsidade, bajulação, hipocrisia e leviandade não fazem parte da vida de líderes que são honestos com eles mesmos. Seja autêntico.

PASSO 10

Reflita e pergunte a si mesmo: "Será que sou autêntico no trabalho ou sou quem as pessoas querem que eu seja? Em outras palavras, desempenho um papel que não reflete o que desejo?" Se a resposta for sim, você vai precisar tomar providências.

DICA

Para motivar o funcionário, você não pode ser o que os outros querem que seja. Tem que ser você mesmo.

11 ACEITE SUGESTÕES

Evite dizer às pessoas o que elas devem pensar e fazer. Em vez disso, peça idéias para o sucesso da empresa.

Um dos papéis fundamentais da liderança é aceitar as sugestões e idéias apresentadas pelos integrantes de sua equipe e permitir que eles tomem as providências necessárias para realizar os projetos. A palavra-chave aqui é "concordar". Quando as pessoas concordam sobre uma tarefa e assumem a responsabilidade por sua execução, elas se dedicam muito mais. Se, ao contrário, o chefe simplesmente passa instruções ou impõe o que deve ser feito, elas não se sentem tão responsáveis e acabam não dando o melhor de si.

Esse tipo de entendimento é conquistado quando as relações pessoais são boas e existe um alto grau de compreensão e respeito. Para isso, basta investir tempo para conversar e trocar idéias com as pessoas.

A cultura do autoritarismo é endêmica em muitas empresas, especialmente nas que prezam a hierarquia e o status. São empresas essencialmente normativas em que os profissionais mais velhos determinam o que e como as coisas devem ser feitas, inclusive o raciocínio e a maneira de trabalhar. Esses "especialistas" se valem de sua posição privilegiada para dizer exaustivamente à empresa que os funcionários têm de buscar a excelência e pôr em prática valores como integridade, respeito e espírito empreendedor. Até os manuais vindos da matriz não passam de propaganda para influenciar o pessoal a copiar a maneira de pensar e agir estabelecida pelos mais antigos.

Onde existe uma cultura de cooperação, pautada no respeito mútuo e na harmonia, há muito menos regras a serem seguidas. Pelo bem dos acionistas, o principal executivo assumirá a estratégia que for necessária para manter a empresa saudável e em franca expansão. Para isso é preciso fazer uma série de acordos com os líderes para que eles ajudem a empresa a atingir o objetivo traçado. Isso resolvido, cada chefe e cada funcionário terão total liberdade para encontrar a melhor maneira de contribuir.

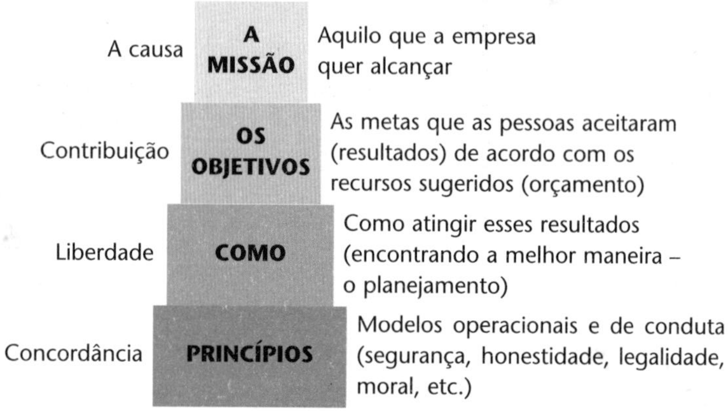

O esquema acima é bem simples e proporciona o máximo de liberdade e motivação para que cada um faça a sua parte.

Veja alguns exemplos de contribuições discutidas e planejadas em equipe:

EQUIPE	**CONTRIBUIÇÃO (resultados esperados)**
Vendas	Receita de vendas x orçamento
Marketing	Alto conhecimento do mercado de acordo com o orçamento
Produção	Custos menores e alta produtividade
Pessoal	Moral alta, baixa rotatividade de pessoal
Finanças	Informações financeiras úteis e atualizadas
Informática	Significativas melhorias no sistema, controle eficaz dos dados de toda a empresa
Pesquisa e desenvolvimento	Novos produtos desenvolvidos e lançados no mercado de acordo com o orçamento
Engenharia	Percentual de tempo parado para consertos e percentual de eficiência de acordo com o orçamento
Relação com o cliente	Alto grau de satisfação do cliente com o orçamento

PASSO 11

Certifique-se de que cada integrante de sua equipe concordou com as tarefas que precisa realizar.

DICA

As pessoas são contratadas para dar a sua contribuição por meio do trabalho. É fundamental que elas saibam que contribuição é essa.

12 AVALIE O QUE É IMPORTANTE

Esclareça e simplifique os critérios de desempenho para cada integrante da equipe.

Peça para cada funcionário fazer uma lista com os cinco critérios de avaliação de desempenho que ele considera eficientes para avaliar o seu próprio trabalho. Caso haja ambigüidades, confusões ou mal-entendidos, é fundamental que o líder discuta com cada um o problema em questão e tente esclarecê-lo, chegando a um acordo com relação aos critérios.

As melhores avaliações são simples, fáceis de entender e de usar. Elas são relevantes porque podem identificar se alguma atividade da empresa está indo na direção errada. Finalmente, é necessário que os critérios sejam poucos porque as pessoas têm dificuldade de lembrar mais de cinco medidas de avaliação para julgar suas próprias atuações e comportamentos.

Os critérios deverão ser expressos de maneira simples. Boa parte das empresas tem critérios em excesso. Em sua busca por maneiras eficientes de fazer uma avaliação segura, acabam acreditando (equivocadamente) que aquilo que não pode ser avaliado e medido não pode ser feito de forma eficaz. Conseqüentemente, os critérios muitas vezes perdem o sentido e as pessoas ficam sobrecarregadas com burocracia inútil.

Os fatores primordiais que definem a contribuição de um funcionário deveriam ser quantificados (ou qualificados) de acordo com quatro ou cinco critérios que permitam medir seu desempenho de modo regular. Quando esses parâmetros estão estabelecidos de forma clara, a motivação é grande porque as pessoas sabem exatamente como seu trabalho será julgado. Além disso, elas sabem que, se sua participação for considerada inaceitável ou perto da zona de perigo, alguma providência será tomada – a menos que elas se antecipem e tomem uma atitude.

A seguir apresentamos cinco critérios de avaliação:

Aceitável	Inaceitável
Dentro do limite orçamentário (custo)	Fora do limite orçamentário
Expectativas superadas (receita ou produção)	Abaixo das expectativas
Alta qualidade (produção)	Baixa qualidade
Cliente satisfeito	Cliente insatisfeito
Motivação alta	Motivação baixa

No quesito motivação, é importante verificar o grau de entusiasmo da equipe em relação ao trabalho que desenvolve e também dos clientes em relação ao atendimento recebido. O importante é que tanto o cliente quanto a equipe estejam satisfeitos e realizados.

Avaliações de desempenho e também de clima organizacional são a base do bem-estar e do bom funcionamento de uma empresa. Todo funcionário tem condições de entender como elas funcionam e pode até escolher um ou mais critérios para avaliar o seu próprio rendimento.

Por isso, avaliações são ferramentas altamente motivadoras. Elas permitem que o funcionário saiba como está seu desempenho profissional e como ele é julgado. Quando a empresa não aplica esse tipo de avaliação, o desempenho das pessoas é baixo e os negócios sofrem as conseqüências.

PASSO 12

Discuta com sua equipe como simplificar os critérios de avaliação para cada pessoa.

DICA

Adote poucos critérios de avaliação, porém simples e coerentes.

O QUE REALMENTE FAZ A DIFERENÇA

Quando uma equipe cumpre sua missão com eficiência é preciso comemorar. Pode parecer algo inacreditável ou mesmo surpreendente, mas a verdade é que de vez em quando milagres acontecem. A maneira como os profissionais de hoje trabalham é totalmente diferente do modo tradicional de fazer negócios. Eles são rebeldes e nada conciliadores e possuem alto grau de originalidade e imaginação. Isso atrai os clientes e incentiva os funcionários a vestirem a camisa da empresa.

Há pequenas coisas que se pode realizar no dia-a-dia e que de fato fazem a diferença para o cliente, sem contar a grande influência que exercem nos resultados da companhia. Entre as empresas que aplicam essa filosofia estão a Virgin, a Pret A Manger, a Singapore Airlines, a Happy Computers, a Innocent Drinks e a brasileira Semco.

13 Desapareça
14 Conte histórias
15 Comemore toda e qualquer vitória
16 Seja afetivo com sua equipe
17 Lave o banheiro, varra o chão e atenda o cliente
18 Inspire seus funcionários
19 Faça pequenas gentilezas

13 DESAPAREÇA

Ao se ausentar de vez em quando, o chefe favorece a aprendizagem e o amadurecimento profissional de sua equipe.

Os melhores líderes estão sempre disponíveis para seus funcionários. Contudo, isso não significa que eles precisam estar fisicamente presentes o tempo todo. Da mesma forma que seus funcionários têm total liberdade de ação, de vez em quando o chefe também tem o direito de se ausentar. A verdade é que quando o chefe desaparece por algumas horas ou dias o efeito pode ser benéfico.

Se você tem receio de sair de cena, é sinal de que não confia em sua equipe nem no seu aprendizado. Boa parte dos líderes deixa seus funcionários desmotivados com o grau de interferência no dia-a-dia, pois quando estão por perto se sentem na obrigação de fazer alguma coisa e, com freqüência, acabam fazendo algo desnecessário e irrelevante. Essa atitude controladora muitas vezes se torna um obstáculo para o sucesso da operação.

Um dos grandes prazeres e privilégios de ser chefe é poder delegar tarefas e deixar que as pessoas tomem as decisões e cumpram as tarefas no prazo determinado. É muito reconfortante saber que a equipe fará um excelente trabalho.

A verdade, porém, é que muitos funcionários suspiram aliviados quando o chefe não está na empresa. Sentem-se mais à vontade, livres, sem alguém vigiando o que fazem e se metendo em tudo o que está acontecendo.

Uma vantagem extra é a possibilidade de as pessoas assumirem maiores responsabilidades. Quando algo acontece e é preciso decidir o que fazer, eles são forçados a tomar uma atitude e a se colocar. Em geral o resultado é produtivo, já que favorece a aprendizagem e o amadurecimento profissional.

Quando o chefe está presente, os funcionários tendem a transferir as decisões por uma questão de respeito e também para se eximir da responsabilidade. Assim, se você quiser realmente dar à sua equipe a chance de mostrar que tem competência, use sua criatividade e imaginação para inventar todo tipo de desculpa para se ausentar. A seguir alguns exemplos:

Desapareça

- Inscrevendo-se num programa de treinamento.
- Visitando filiais da empresa.
- Participando de uma auditoria interna.
- Saindo para uma longa caminhada.
- Relaxando (desde que não seja no parque ou na praia).
- Fazendo trabalho voluntário.
- Comprando e testando os produtos dos concorrentes.

Ao se ausentar do escritório, peça que só o incomodem em caso de urgência. O objetivo deste exercício não será cumprido se o seu celular vibrar a cada cinco minutos com ligações de seus funcionários querendo resolver problemas rotineiros. Também não há necessidade de ficar verificando o e-mail quando estiver fora. É saudável ficar um pouco longe do alcance da vista, do ouvido e do correio eletrônico.

PASSO 13

Não seja um obstáculo. Planeje sua saída. Faça isso na semana que vem ou, quem sabe, amanhã.

DICA

Uma equipe não pode se manter permanentemente motivada quando o chefe está sempre por perto.

14 CONTE HISTÓRIAS

Todos nós aprendemos por meio de fatos e eventos. Torne-se um contador de histórias e ouça com atenção o que os outros têm para lhe dizer.

Não existe nada mais encantador do que uma boa história. Levanta o astral e proporciona lições de vida preciosas. Antes do advento da escrita, o homem fez grandes progressos graças às narrativas dos mais velhos, dos guias espirituais e dos chefes tribais. Os melhores narradores eram considerados os mais sábios.

Nós aprendemos basicamente por meio das histórias, e não estudando em livros didáticos ou decorando dados inúteis. As histórias ilustram as lições e dão a elas um sentido prático.

Os líderes eficazes sabem que as histórias são vitais para a motivação da equipe. Por isso se interessam pelas coisas que aconteceram com os integrantes de sua equipe e têm sempre uma série de relatos fascinantes para fazer.

Esta é a história do que aconteceu...

- Quando Nelson deixou de ser promovido de novo.
- Quando o motorista levou o presidente ao endereço errado.
- Quando o computador pifou pela décima vez.
- Quando Vicente discordou do diretor financeiro.
- Quando Susana escorregou no chão do banheiro que estava molhado.
- No primeiro dia da Janine na empresa.
- Quando o diretor executivo tentou atender um cliente.
- Quando Ana entregou o pedido de demissão.
- Quando Eduardo pediu aumento.

Dependendo do caso, podemos extrair lições sobre como contornar determinado problema ou conversar com certo tipo de pessoa ou mesmo como identificar as oportunidades mais promissoras. Esses ensinamentos não se encontram escritos em lugar algum, mas formam um legado que o ajudará a tomar decisões no futuro.

As histórias também ajudam a sair da rotina. Quando chegam em casa à noite, as pessoas costumam contar à família os fatos que testemunharam ao longo do dia. Somos animais sociais e a essência desse processo de socialização está na troca de experiências. Os melhores contadores de histórias sabem como despertar o interesse do ouvinte com relatos curtos, mas de grande apelo emocional.

Para se tornar um grande contador de histórias é preciso observar o olhar do seu ouvinte. É fácil perceber se ele está interessado ou não, se está envolvido com o que você está contando. Da mesma forma, preste atenção ao seu próprio envolvimento (ou não) quando ouve alguém contar uma história. Tendo sua própria reação como parâmetro, você pode saber que tipo de narrativa é envolvente e aplicar essa técnica em seus próprios relatos.

Emoção na voz, sensibilidade, poder de síntese e um bom desfecho, tudo isso entremeado com "ganchos narrativos" que prendem a atenção. Esses são os elementos fundamentais para uma boa história, é um processo que depende da troca de estímulos entre o transmissor (o narrador) e o receptor (ouvinte).

É óbvio que contar histórias toma tempo – e você precisa incorporar mais essa "tarefa" à sua agenda, se achar que é fundamental para seu desenvolvimento e de sua equipe. Os líderes ineficazes nunca encontram tempo para conversar e até mesmo punem quem o faça – por considerarem uma perda de tempo.

PASSO 14

Comece sempre as reuniões de equipe com uma história. Ela não precisa ser sobre o trabalho, e sim sobre o que as pessoas consideram importante (família, esporte, férias, clima, tráfego, etc.).

DICA

Incentive cada integrante de sua equipe a contar sua história – e ouça com atenção.

15 COMEMORE TODA E QUALQUER VITÓRIA

Para ser bem-sucedido nos negócios é preciso cultivar e festejar o sucesso.

Quando era diretor executivo da Starbucks de Cingapura, Michael Lee costumava dizer que o nome informal de seu cargo era "diretor de comemoração". Afinal, uma de suas principais atribuições era visitar as mais de 30 filiais da empresa no país e comemorar os bons resultados obtidos sempre que os encontrasse. Fosse uma carta elogiosa de um cliente, um recorde de venda de bolinhos numa filial recém-inaugurada ou então o aniversário de um de seus "parceiros" (como os funcionários são chamados na Starbucks). Nas reuniões com os gerentes, Michael procurava festejar as vitórias.

Em contrapartida, um vendedor de uma grande loja de departamentos uma vez me contou que, depois de alguns anos na seção de papelaria, foi transferido para a seção de tapetes e carpetes. Em menos de um mês ele ultrapassou sua cota trimestral. Estava exultante: "Consegui. Finalmente atingi uma marca excelente." Foi para casa e contou para toda a família. Infelizmente, na empresa, ninguém disse uma palavra de reconhecimento, muito menos comemorou o ótimo resultado.

Não é de se admirar que muitos profissionais fiquem desestimulados ao darem tanto de si e não serem reconhecidos. "Meu chefe recebe bônus por produtividade", um funcionário me disse uma vez, "enquanto nós, que estamos na linha de frente, recebemos somente o salário. Por que devemos nos esforçar tanto para que só o chefe ganhe gratificação? Ele leva todos os louros e nós não recebemos nada!"

O hábito de festejar todo e qualquer sucesso, por menor que seja, pode se tornar uma profecia auto-realizável. Quanto mais você procura vitórias para comemorar, mais bem-sucedido será – assim como sua equipe. Fazendo isso, você direciona a atenção de seu pessoal para o sucesso e para o que ele representa. Em contrapartida, se procurar por problemas, irá encontrá-los – onde quer que vá.

Ken Lockett, gerente regional de uma instituição financeira, conta que logo que assumiu a coordenação regional das filiais, deixou que os gerentes preparassem a pauta. O resultado foi uma lista de problemas: "os computadores pifaram na semana passada", "os funcionários estão faltando muito", etc. Ken os ouviu atentamente e depois, ao fim da reunião, perguntou: "Que bons resultados vocês obtiveram na semana passada?" Ninguém respondeu. "Na próxima reunião, quero que vocês me contem sobre suas vitórias", sugeriu.

A princípio, os gerentes relutaram, mas, aos poucos, começaram a se identificar mais com a idéia de vitória. Como resultado, a região gerenciada por Ken superou as expectativas do banco. Ken tinha uma tática muito simpática: ele levava uma caixa de "chocolates comemorativos" em suas visitas às filiais. Ele chegava e perguntava aos gerentes e funcionários: "Que metas vocês atingiram recentemente?" Se obtivesse uma resposta positiva, ele oferecia um chocolate.

O sucesso está nos olhos de quem vê. O segredo é valorizar cada vitória com o elogio pertinente e comemorá-la. Pode ser um simples cartão, uma garrafa de champanhe, uma caixa de chocolates ou um almoço com a equipe. Não importa como será a festa, o fundamental é que aconteça. Quando o seu time de futebol marca um gol, você não comemora jogando os braços para cima e gritando "goooool" ou algo do tipo? Pois é. Isso é comemorar.

PASSO 15

Procure pelo menos uma vitória que um integrante de sua equipe tenha conquistado na semana passada. Depois estoure o champanhe que você mesmo comprou e comemore com a equipe.

DICA

É horrível quando não se tem o que comemorar.

16 SEJA AFETIVO COM SUA EQUIPE

A motivação cria vínculos emocionais entre as pessoas.

Os melhores líderes sabem criar um bom ambiente de trabalho e estabelecer relacionamentos sociais. No que diz respeito ao contato físico com os integrantes de sua equipe, é preciso seguir um código de comportamento. Pode-se dizer que existem áreas seguras (mãos, cotovelos, ombros e olhos) e áreas perigosas, nesse caso, o coração, que representa as emoções. Qualquer outra opção é terminantemente proibida.

Para se aproximar afetivamente de alguém, é preciso passar antes pela zona de segurança. Isso significa tocar o outro por meio de pequenos gestos que ajudam a criar um vínculo emocional. Esse contato físico é essencial para a motivação no trabalho e pode operar milagres. Aqui vão algumas dicas:

- Cumprimente os integrantes de sua equipe com um aperto de mão sempre que possível.
- Segure o cotovelo da pessoa enquanto estiver dando um aperto de mão.
- Dê um tapinha no ombro quando alguém realizar alguma coisa bem-feita.
- Quando conversar ou caminhar ao lado de alguém, segure a pessoa pelo cotovelo.
- Retire algum pêlo (ou fio de cabelo) do paletó do seu interlocutor.
- Se algo ruim acontecer, dê um abraço solidário.
- Mantenha o contato físico e visual.
- Quando um funcionário lhe contar um problema pessoal, pegue sua mão afetuosamente.

A demonstração de afeto pode se manifestar de diferentes maneiras. Conheci uma equipe que se cumprimentava batendo com as palmas das mãos e fazendo uma grande algazarra. Mas há quem prefira oferecer ajuda para arrumar um armário, confidenciar um segredo, abrir a porta para a pessoa passar ou mesmo marcar uma notícia no jornal que pode ser do interesse de um colega de trabalho e deixar uma cópia sobre sua mesa – gestos simples, porém significativos, que revelam um interesse sincero pelo outro.

Ao se aproximar de um funcionário, a intenção do chefe é travar um bom relacionamento e formar um espírito de equipe. Ele precisa conquistar o funcionário, mostrar que se importa com o desenvolvimento de sua carreira de modo que ele se sinta motivado a trabalhar. Os melhores líderes fazem isso naturalmente.

Mesmo que esse tipo de comportamento não aconteça com naturalidade, experimente começar a praticá-lo – aos poucos ele será incorporado à sua rotina. É possível mudar, basta querer. Um chefe distante e frio pode se tornar um chefe caloroso, preocupado em fazer pequenos gestos de cortesia e em criar uma sensação de bem-estar para os que estão ao seu redor.

O segredo é agir de maneira espontânea, sem forçar ou ensaiar nada. Quando o gesto soa artificial, perde o impacto. Ele tem que ser sincero e, por isso, vir do coração.

PASSO 16

Conheça o sentimento dos seus funcionários. Deixe que eles o sensibilizem com idéias e emoções e então demonstre isso.

DICA

Aprender sobre motivação envolve descobrir os pontos positivos das pessoas.

17 LIMPE O BANHEIRO, VARRA O CHÃO E ATENDA O CLIENTE

De vez em quando, execute as tarefas de sua equipe para manter contato com a realidade do trabalho.

Nas empresas bem-sucedidas, de vez em quando, boa parte dos executivos seniores gosta de pôr a mão na massa, de tomar providências, de tocar o negócio eles mesmos. Ou seja, de entrar no espírito da coisa.

Quando a equipe está atribulada e o trabalho acumulado, eles fazem de tudo: varrem o chão, tiram os copos sujos de cima do balcão, colocam suprimentos nas máquinas e atendem os clientes.

John Black, dono da rede de restaurantes Puccino's, tem o hábito de ajudar a equipe a limpar os banheiros sempre que visita as filiais da empresa. Richard Killoran, quando era gerente geral da Austin Reed, a famosa butique da Regent Street, em Londres, costumava circular pela loja e, sempre que percebia que os funcionários estavam ocupados, ele mesmo fazia o atendimento. E se orgulhava de ter um alto índice de vendas.

O mesmo se aplica à famosa rede inglesa de lanchonetes Pret A Manger, que teve um crescimento meteórico. Todos os funcionários, incluindo o gerente geral, fazem um estágio em uma das filiais seja preparando um sanduíche, atendendo no balcão ou arrumando o estoque.

Para serem bem-sucedidos, os líderes têm que ter conhecimento de causa e isso significa trabalhar de vez em quando na linha de frente do negócio. Como ensinar os garçons a lidarem bem com um cliente grosseiro se ele mesmo nunca encarou um?

Os chefes passam muito tempo no escritório, participando de reuniões, mandando e-mails cobrando providências ou fazendo o trabalho burocrático. É natural que percam contato com a realidade. É no plano real que se dá a relação entre os funcionários de linha de frente e a clientela. Não se pode tomar conhecimento dessas coisas por meio de relatórios. A realidade precisa ser vivida, para você não perder contato com ela.

Richard Branson era famoso por andar pelos corredores dos aviões da Virgin empurrando o carrinho de bebidas. Ele também animava os passageiros com truques de mágica, mas o que o motivava era a possibilidade de ouvir o que os clientes tinham a dizer. É muito melhor obter o feedback diretamente do cliente do que ficar lendo estatísticas e pesquisas.

Quando o chefe se envolve e participa das tarefas cotidianas, o estado de espírito da equipe muda. Os funcionários se tornam mais próximos daquele que os lidera. Eles sabem que o chefe entende o que está se passando porque está lá presente, trabalhando.

Essa experiência é motivadora para todos. Para o chefe significa a oportunidade de sair da cansativa rotina burocrática e fazer algo diferente. É também uma chance de atender pessoalmente a clientela e organizar o local de trabalho – arrumar uma vitrine, se for necessário. Se demonstrar que está curtindo o trabalho, a equipe vai se motivar.

PASSO 17

Entre no clima e faça alguma coisa diferente. Se nos últimos 10 anos você não atendeu nenhum cliente, faça isso agora. Passe por essa experiência. Se for necessário, recolha o lixo, arrume as prateleiras, atenda o telefone, ouça as queixas dos clientes – mexa-se! Comece hoje mesmo.

DICA

Líderes precisam ter conhecimento de causa e isso significa pôr a mão na massa de vez em quando.

18 INSPIRE SEUS FUNCIONÁRIOS

Estimule a capacidade criativa das pessoas que trabalham com você.

Você não tem que ser um Winston Churchill ou Martin Luther King para inspirar sua equipe. Só tem que ser você mesmo. Ou seja, buscar a inspiração que ilumina sua alma e deixar que ela contagie as pessoas à sua volta. Você pode injetar um pouco desse espírito diariamente em sua equipe.

A maioria das pessoas gosta de se sentir inspirada, mas nem todo chefe é capaz de estimular a capacidade criativa de sua equipe. Ferramenta de motivação básica, o entusiasmo criador não pode ser produzido a partir de um procedimento ou de uma decisão pessoal.

A inspiração é uma idéia que surge espontaneamente quando ouvimos uma história comovente ou quando um desempenho excepcional nos tira o fôlego. Ela pode ainda despertar em nossos corações reações emocionadas e nos estimular a buscar a excelência na carreira e na vida pessoal.

De difícil definição, mas fácil de ser sentida, a inspiração é como um condutor de energia emocional que ilumina e revela a alma de uma pessoa. Não é um processo de pensamento lógico e nenhum tipo de raciocínio pode acioná-la. Ficamos inspirados quando novos horizontes se abrem à nossa frente ou quando ultrapassamos os limites impostos por nós mesmos.

Os melhores líderes sentem quando a equipe está por baixo, desestimulada, saturada de trabalhar tanto por tão pouco. Então, para revigorar o ânimo das pessoas, eles tratam de despertar seus sentidos e consolidar os princípios adotados para que surjam idéias, sugestões e planos de melhorias em todas as áreas. Isso faz com que elas percebam ter um potencial maior do que imaginavam.

A energia renovada que vem de pequenos gestos de quem ocupa cargos de chefia é uma importante fonte de inspiração. Especialmente quando se fala em espírito de equipe, um sentimento indefinível que levas as pessoas a agirem de maneira entusiasmada e solidária – atitude bem diferente da maioria dos grupos, que age mecanicamente e sem alegria.

Inspiração

estado de espírito encantamento brilho estímulo

incentivo paixão imaginação prazer luz

empolgação entusiasmo alegria energia

Motivação

A inspiração que tira as pessoas da mesmice e as leva a alcançar seus objetivos mais difíceis não vem de um discurso emocionado, eloqüente e cheio de retórica. Na verdade, ela é o resultado das pequenas gentilezas que estimulam a criatividade pessoal, dão ânimo e reacendem a paixão pelo trabalho.

Pode ser uma piscadela de olho, um sorriso caloroso, um aperto de mãos, um agradecimento, uma demonstração de solidariedade ou ainda cinco minutos de bate-papo no cafezinho. Pode ser também a compaixão demonstrada pelo chefe em relação a um problema de um funcionário ou as palavras de reconhecimento por um trabalho bem-feito.

Quando estamos inspirados, é como se estivéssemos em um estado de euforia. Pode não durar muito, mas é o suficiente para nos ajudar a seguir adiante. Descubra o que funciona para você – pode ser um texto religioso, um ídolo esportivo, um professor ou alguém próximo em quem deposite total confiança.

O ideal é que os chefes consigam inspirar o ambiente de trabalho como um todo. Só assim eles deixarão de ser simples administradores do dia-a-dia corporativo e passarão a ser a verdadeira fonte de inspiração que impulsiona a equipe rumo à excelência.

PASSO 18

Pergunte aos funcionários o que os inspira e se esforce para criar os estímulos certos. Além disso, busque a sua própria felicidade. Se você considera seus funcionários excelentes, isso deve ser o suficiente.

DICA

Inspire, aspire, respire, perspire, inspire...

19 FAÇA PEQUENAS GENTILEZAS

Deixe recados para sua equipe, telefone quando os funcionários menos esperarem e lembre-se das datas importantes.

O principal objetivo deste livro é mostrar como as pequenas coisas são fundamentais para a liderança e a motivação de equipes. A vantagem das demonstrações de afeto é que elas representam uma atitude pessoal, e não um mero produto da política gerencial da empresa.

Nenhuma filosofia ou manual de conduta corporativa consegue contemplar todos os pequenos cuidados e atenções que os líderes podem e devem ter para que as pessoas se sintam entusiasmadas com o trabalho. Certamente não existe nenhuma recomendação específica dizendo: "Elogie o novo corte de cabelo da Jaqueline." A criatividade pessoal é o que permite que você aproveite toda e qualquer oportunidade para exaltar as qualidades de seu funcionário.

Um cartão de Natal personalizado com um texto apropriado – "Estou feliz por Ronaldo já ter voltado do hospital e poder curtir o Natal com a família em casa" – produz um efeito muito maior do que uma simples assinatura ou um cartão pronto.

Quando administrava uma cadeia de livrarias, Tim Waterstone costumava deixar, todos os dias, pelo menos seis mensagens para motivar os funcionários. "Se achava que a vitrine estava bem-arrumada ou que o desempenho de determinado funcionário tinha sido especialmente eficiente naquele dia, fazia questão de elogiar", explica.

Essas pequenas ações, atitudes e manifestações de apreço são tão simples e fáceis de implementar que é surpreendente que muitos líderes não as façam. Veja alguns exemplos:

Mande um e-mail ou mensagem de texto

- "Marta, toda a sorte do mundo no projeto. Tenho certeza de que você vai se sair muito bem."

- "Acabei de sair de uma reunião com o nosso presidente e ele disse que seu relatório foi muito útil."
- "Obrigado por ter ficado até mais tarde ontem à noite, Elaine. Estou muito agradecido."

Deixe recados

- Deixe um cartão na mesa da Beth dizendo o quanto ficou satisfeito com sua apresentação.
- Mande um cartão pelo correio interno agradecendo ao Orlando por ter resolvido o problema com o transporte.
- Deixe um *post it* no computador do Paulo elogiando o descanso de tela.
- Anexe um recado a um artigo de revista ou jornal que você sabe ser do interesse da Patrícia.

Dê telefonemas-surpresa

- Quando estiver no exterior, ligue para seus funcionários, não para falar de trabalho, mas para saber como eles estão.
- Ligue para a esposa do Antônio para agradecer sua compreensão durante o período em que ele precisou se ausentar para finalizar aquele projeto importante.
- Ligue para o Jorge para saber se ele assistiu ao jogo ontem à noite e se achou que o gol foi de impedimento.
- Dê um telefonema para a Maria para saber como está a mãe dela, pois acabou de saber que ela foi internada de emergência.

Lembre-se das datas importantes

- Envie sempre, para cada colaborador, um cartão de aniversário com uma mensagem personalizada.
- Quando um funcionário estiver completando mais um ano na empresa, mande um cartão agradecendo sua contribuição.
- Crie datas comemorativas (por exemplo, a primeira grande venda do William ou quando a equipe bateu a meta e todos ganharam uma semana de férias no Caribe).
- Descubra as datas especiais de seus funcionários (10 anos de casamento, aniversários dos filhos) e envie um cartão especial para eles.

Existem milhares de maneiras criativas de se telefonar ou enviar e-mails, mensagens de texto e cartões com o propósito de motivar a equipe.

PASSO 19

Discipline-se a mandar e-mails e a telefonar para seus funcionários todos os dias. Descubra seus aniversários e datas importantes para celebrar com um cartão atencioso.

DICA

Não transforme em rotina o hábito de enviar bilhetes ou dar telefonemas nas datas comemorativas. Cada ação deve ser espontânea, original e personalizada.

SETE DICAS PARA UM BOM DESEMPENHO

Ser bem-sucedido no mundo dos negócios depende única e exclusivamente do seu desempenho e isso significa proporcionar ao cliente o serviço o ou produto que ele espera da empresa, ao acionista a rentabilidade que ele deseja e à equipe aquilo de que ela precisa.

Há uma série de estratégias que um líder pode usar para melhorar a eficiência de sua equipe e, assim, motivá-la a dar um passo à frente. Essas ações podem exercer grande influência no modo que as pessoas executam suas tarefas.

Conheça as sete dicas para um bom desempenho:

20 Para ser o melhor, tome a iniciativa
21 Crie padrões de desempenho
22 Arrisque-se
23 É preciso ter dedicação
24 Elogie regularmente e só critique quando necessário
25 Seja franco
26 Demita os incompetentes

20 PARA SER O MELHOR, TOME A INICIATIVA

A menos que você assuma as responsabilidades e resolva os problemas, jamais será um líder.

Ser líder significa tomar a iniciativa e fazer o que for necessário para alcançar seu objetivo. Pode ser, por exemplo, a criação de um tipo inovador de serviço e todos os passos necessários para que a novidade seja um sucesso, ou se oferecer para resolver o problema do estacionamento durante uma reunião com os gerentes de outras filiais.

Existe uma controvérsia sobre qual é a diferença entre um chefe e um líder. A resposta é simples. Líder é aquele que tem por meta ser o melhor em uma determinada área e que toma a frente para atingir o objetivo traçado. Não se trata de um direito concedido por meio de promoção a um cargo de supervisor ou gerente – o verdadeiro líder pega a bola, leva até o campo adversário, faz o gol e proporciona à equipe uma posição de vantagem no campeonato. Ele não se limita a executar ordens e costuma agir antes de todo mundo porque consegue perceber com antecedência as necessidades e buscar rapidamente as oportunidades de satisfazê-las.

Independentemente do tamanho da equipe e do cargo que ocupe na empresa, o líder é uma força de trabalho indispensável para tocar os negócios. Ele é o tipo de profissional que assume e resolve problemas, que percebe a necessidade de mudanças e abraça a missão de promovê-las e que atende de maneira eficaz tanto a reclamação de um cliente quanto a necessidade de aumentar a capacidade de produção.

Alguns exemplos de iniciativas para aumentar sua capacidade de liderança:

- Dedique-se ao máximo para atingir e até superar os objetivos traçados. Jamais decepcione a empresa e esteja sempre à frente da equipe.
- Crie novas maneiras de motivar as pessoas. Assim, você será um modelo a ser seguido no que se refere ao ambiente de trabalho (por

exemplo, permita que trabalhem em casa sempre que achar que é mais produtivo).

- Incentive sua equipe a participar de concursos cujos prêmios reflitam sua excelência.
- Lute por seus funcionários quando sentir que estão sendo negligenciados (por exemplo, solicitando um aumento de salário ou promoção). Não meça esforços para oferecer ao cliente o melhor serviço do mercado.
- Atue como porta-voz da empresa, participando de conferências ou escrevendo artigos, sempre exaltando as vantagens de se trabalhar nela.
- Esforce-se para que tudo saia da maneira mais perfeita possível, preste atenção aos detalhes e tenha consciência de que são os pequenos gestos que fazem a diferença.
- Certifique-se de que seus funcionários tenham sempre os equipamentos mais modernos (mobiliário, computadores, celulares ou qualquer outra coisa).

A liderança significa vencer e criar um ambiente onde todos sejam vitoriosos: a equipe, o cliente e a empresa como um todo.

PASSO 20

Discuta com sua equipe o que é melhor para a empresa e então assuma a iniciativa de fazê-lo.

DICA

Tomar a iniciativa de ser o melhor significa querer ser o melhor.

21 CRIE PADRÕES DE DESEMPENHO

O líder deve tomar uma atitude se algum colaborador não alcançar os padrões mínimos estabelecidos.

Nada no mundo é perfeito. Os estudos sobre a evolução da humanidade revelam uma série de curvas, ângulos e diagonais – jamais uma linha reta. Observe as árvores, as folhas, os formatos dos corpos, o cabelo, a pele ou qualquer outra matéria. Nada é reto, linear, na mesma direção. Mesmo uma linha reta desenhada não é uma linha perfeita, mas uma aproximação do que se imagina ser o menor caminho entre dois pontos.

Cada pessoa deve traçar suas próprias metas e determinar os limites a serem respeitados na sua vida. Isso é essencial para ser um líder bem-sucedido. Antes de motivar seus funcionários, é preciso explicar a eles quais são os seus padrões desejáveis de desempenho, comportamento e disciplina. Sem esses parâmetros, corre-se o risco da desordem e da ineficiência.

O diagrama a seguir mostra que, se o comportamento e o resultado do trabalho de um único integrante da equipe se aproximarem da zona de perigo, o chefe tem que tomar providências. Do contrário, o desempenho do grupo pode ser afetado. Nesses casos, a atitude mais apropriada é fazer uma advertência ao funcionário.

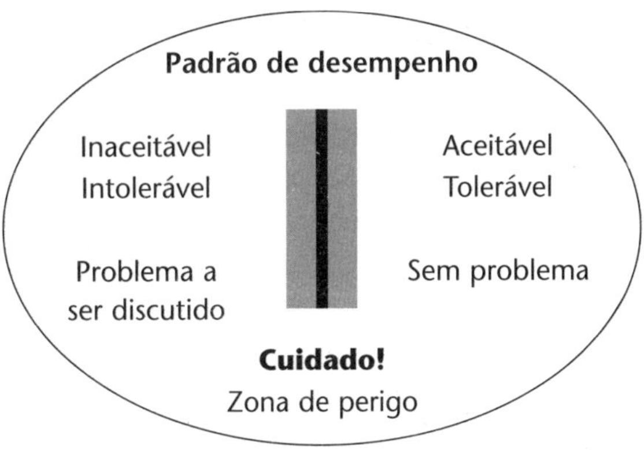

Se o colaborador não melhorar sua produtividade e não retornar à área de aceitabilidade, é preciso pedir que ele deixe a equipe. Nenhum líder deve manter um profissional que não está rendendo o mínimo esperado, sob pena de comprometer os resultados de sua equipe e, em conseqüência, da empresa.

É fundamental que o líder crie padrões bem claros e defina o que ele considera aceitável e inaceitável em termos de desempenho e conduta. A credibilidade de um chefe fica sensivelmente afetada quando ele estabelece tais limites e depois permite que sejam desrespeitados. Nesse caso, esses padrões se tornam meras ameaças inofensivas e os funcionários passam a ter a certeza da impunidade.

Quando os padrões são vagos, o chefe perde credibilidade e seu relacionamento com a equipe sofre um abalo. Se o funcionário não souber exatamente o que se espera dele, fica sem saber como agir e o que fazer.

PASSO 21

Faça um teste com você mesmo: registre um padrão mínimo de desempenho que você estabeleceu e que nenhum integrante de sua equipe deve ultrapassar.

DICA

Um líder sem limites está fadado ao fracasso.

22 ARRISQUE-SE

Para ser bem-sucedido, você precisa delimitar claramente sua responsabilidade.

Há ocasiões em que você pode precisar fazer algo que causará grande impacto no negócio e em seu futuro profissional: arriscar seu emprego.

Você não pode fazer isso a não ser que conheça os perigos envolvidos. É essa responsabilidade que precisa nortear qualquer líder interessado em motivar sua equipe para que ela seja bem-sucedida nos negócios.

Responsabilidade significa ter a obrigação de responder por tudo o que acontece dentro de sua área de atuação. Quando esse compromisso é vago ou seus limites indefinidos, comandar uma equipe torna-se uma tarefa difícil – e a tendência é abrir espaço para a burocracia e para a ineficiência, o que favorece o surgimento do famoso jogo de empurra (cada pessoa joga para a outra a responsabilidade por determinada ação).

Quando as obrigações são claras, não há desculpa: ou você é responsável ou não. Nas empresas em que esses limites não são claros, a tendência é buscar um culpado – ou seja, um bode expiatório que leve a culpa por todas as deficiências e fracassos. Como ninguém gosta de assumir a responsabilidade por nada que dá errado, a inércia se instala. Ninguém quer tomar uma atitude.

Um exemplo desse tipo de situação acontece quando a matriz de uma empresa multinacional impõe um funcionário a um departamento. O natural é que a contratação de um novo colaborador seja liderada por seu superior imediato, pois é ele que será cobrado pelo desempenho daquela pessoa. Não é recomendável deixar que os outros decidam quem deve ou não integrar a sua equipe.

O mesmo se aplica à área de treinamento. Como líder, você tem a responsabilidade de capacitar sua equipe e não pode culpar a matriz por falhas nesse processo. De uma forma ou de outra, é você que escolhe todos os recursos necessários para alcançar os objetivos (produção e vendas) traçados.

Responsabilidade total

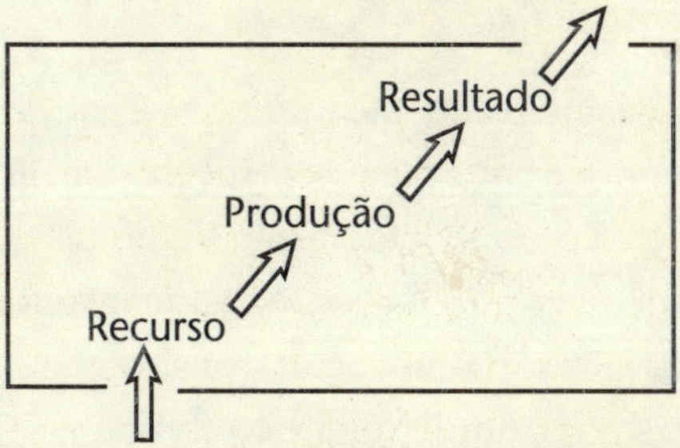

Nas empresas em que cada área de atuação tem suas metas e responsabilidades bem definidas, os gerentes discutem com a equipe as tarefas a serem executadas, assim como os padrões a serem seguidos e o orçamento necessário. Só então entram em ação e realizam o que foi estabelecido.

O líder freqüentemente aceita os desafios e depois descobre que não tem capacidade de efetivar o projeto devido às restrições impostas pela matriz (despesas com viagens e compra de equipamentos novos, por exemplo). Se as limitações de orçamento comprometem os resultados, então ele precisa lutar pelos recursos e pela liberdade de ação necessária à realização do compromisso assumido. Em resumo: precisa colocar seu emprego em risco.

O chefe que não mede esforços para alcançar seus objetivos é respeitado, pois os funcionários sabem que ele faz todo o possível para ajudá-los a atingir as metas traçadas.

PASSO 22

Reflita sobre o conteúdo deste capítulo e veja em que circunstâncias arriscaria seu emprego. Qual é o seu limite?

DICA

Os melhores líderes são aqueles que têm coragem para arriscar seu emprego, se for necessário.

23 É PRECISO TER DEDICAÇÃO

O sucesso é uma conseqüência da dedicação. Quanto mais você trabalha duro, maior será sua contribuição.

Um dia de trabalho realmente produtivo é aquele em que você fica cansado na hora de encerrar o expediente. Quando você se sente assim, é hora de parar – embora isso não signifique que a sensação de cansaço seja ruim ou errada. Na vida, qualquer conquista requer dedicação, seja para completar uma maratona, vencer uma competição ou até mesmo escrever um livro. É necessária não só para cumprir cada etapa do projeto como também para enfrentar os imprevistos. O truque é relaxar e evitar que as dificuldades drenem sua energia.

Os líderes de sucesso já aprenderam essa lição e, por esse motivo, fazem da dedicação um sacerdócio. São tão apaixonados e comprometidos com o trabalho que não hesitam em se sacrificar para alcançar seus objetivos. Eles têm consciência de que quanto mais se esforçam, maiores são as chances de serem bem-sucedidos no competitivo mundo dos negócios.

Quando estão num ritmo acelerado de trabalho, eles abrem mão das atividades de lazer para direcionar toda a sua energia na busca dos resultados desejados. Se isso significa falar com 50 clientes, treinar 50 funcionários ou dar 50 entrevistas, não tem problema – eles fazem o que for necessário. Ou seja, prolongam o expediente noite adentro, começam a trabalhar mais cedo ou trocam o almoço por um sanduíche.

O importante é não fazer das situações excepcionais uma rotina. Dedicação não significa aumento de carga horária, tampouco tornar-se um workaholic. Para ser um profissional eficiente, basta trabalhar de forma mais intensa durante o expediente. É fácil motivar as pessoas nesse sentido. Afinal, quem não quer sair na hora certa? Basta que tenham uma boa razão para isso, e a tarefa do chefe é garantir que essa razão seja efetivamente comunicada, compreendida e adotada por todos com um alto grau de paixão e comprometimento.

Além do mais, as pessoas precisam ter prazer naquilo que fazem. Quando elas se divertem trabalhando, é provável que se empenhem ainda mais, como se quisessem ver os resultados de seu esforço e dedicação.

Trabalhar duro não se resume a dar o máximo de si mesmo. É também um investimento de adrenalina e energia emocional. A vontade de se esforçar vem do coração, não do cérebro. A lógica sempre dirá "Não trabalhe tanto", e, às vezes, é prudente ouvir a voz da razão. Entretanto, o que move as pessoas é a adrenalina e a emoção. São esses os ingredientes que nos motivam a dedicar tempo e energia para conquistar as coisas que desejamos.

Quando o assunto é aperfeiçoamento, praticar é a palavra de ordem. Sem isso, nenhuma conquista é possível. O tenor Pavarotti disse certa vez que "ensaiava 100 vezes para se aperfeiçoar, enquanto as outras pessoas se satisfaziam em praticar 10 vezes". O jogador de golfe Tiger Woods também comentou: "Quanto mais treino, mais sorte tenho."

A verdade é que quanto mais você se dedica a alguma coisa, maior é a sua chance de ser bem-sucedido. Dedicação requer sacrifício. Portanto, esqueça o caminho mais fácil e as coisas agradáveis e se concentre na conquista de seus objetivos. O prazer vem depois, quando a tarefa chega ao fim.

PASSO 23

Discuta com seus funcionários o que a dedicação e o comprometimento significam na prática. Incentive-os a elaborar esse conceito e a aplicá-lo.

DICA

Quanto maior a competição, mais difícil o trabalho a ser realizado.

24 ELOGIE REGULARMENTE E SÓ CRITIQUE QUANDO NECESSÁRIO

Procure elogiar o funcionário e ajude-o a encontrar uma saída quando as coisas dão errado.

Sheila conta uma história sobre a reação de seu gerente, David, quando um cliente se queixou sobre a falta de resposta por parte do hotel nas Ilhas Maurício. O cliente tinha enviado um fax de Paris pedindo a confirmação de uma reserva. Sheila estava no fim de seu turno e o sistema de reservas da empresa estava fora do ar. Então ela deixou o fax para que seu colega respondesse. Cinco dias depois, o cliente enviou um segundo fax com a seguinte mensagem: "Devido à falta de resposta ao fax enviado anteriormente, fui obrigado a fazer reserva em outro estabelecimento. Cancelem a reserva que pensei ter feito com seu hotel."

Quando David leu o segundo fax, desenhou uma cara insatisfeita, assinou o desenho e o entregou a Sheila (junto com sua resposta ao cliente). "Sabíamos que tínhamos cometido um erro grave e que, por isso, a empresa perdera um negócio importante e ficara com sua reputação abalada", explicou Sheila, "mas o interessante é que David não disse uma palavra sequer. Apenas desenhou aquela cara zangada e passou para mim. Senti que o decepcionara e aborrecera."

Se existe alguma coisa que posso elogiar na minha chefe, é o fato de ela estar sempre me elogiando.

Um chefe que repreende um funcionário de maneira sutil, como David, pode ser muito mais eficiente do que se reagisse agressivamente. Quando você esbraveja, grita e reclama de maneira severa, acaba criando um clima de intimidação e medo que, em conseqüência, aumenta a possibilidade de os erros serem cometidos – até porque os funcionários não têm autonomia para tomar decisões e ficam na dependência de o chefe estar presente e disponível.

O excesso de críticas também faz com que as pessoas se coloquem na defensiva e não admitam suas falhas. É contraproducente, além de criar uma barreira entre o chefe e a equipe.

Líderes bem-sucedidos preferem elogiar seu pessoal mesmo sabendo que de vez em quando erros ocorrem. Não se repreende um funcionário por ter cometido um erro, e sim por não ter aprendido com ele.

Lyn Graham é chefe da ouvidoria da Câmara Municipal de Portsmouth, na Inglaterra. Quando algo acontece de errado no setor, ela sempre pergunta à equipe: "O que eu fiz de errado?" Ela jamais culpa as pessoas. Em vez disso, faz uma auto-análise: "O que eu poderia ter feito para evitar que a equipe cometesse esse erro?"

É recomendável que o chefe reconheça as conquistas e realizações das pessoas que trabalham em sua equipe. Todo mundo gosta de receber elogios, desde que sejam sinceros e verdadeiros e reflitam algum aspecto importante de seu trabalho. Ninguém gosta de falsos cumprimentos e muito menos de pessoas que fazem uso desse tipo de expediente.

Entretanto, não é tão difícil encontrar oportunidades para palavras de reconhecimento e é exatamente isso que os melhores líderes fazem. Além de identificar um serviço bem executado, também visualizam as qualidades dos integrantes de sua equipe que merecem destaque.

Um elogio pela eficiência de um funcionário é muito melhor do que reclamar do que ele não fez.

PASSO 24

Encontre cinco bons motivos para elogiar sua equipe. Nesse meio-tempo, pare de repreender as pessoas.

DICA

Não há nada melhor do que um elogio sincero para elevar a auto-estima.

25 SEJA FRANCO

Diga à sua equipe exatamente o que você pensa dela.

Tudo o que você faz quando assume um cargo de chefia é observado por sua equipe e usado como parâmetro para formar uma opinião a seu respeito. Quando você não diz exatamente o que quer às pessoas, elas começam a tentar adivinhar. Se, em vez disso, agir com sinceridade, vai incentivar as pessoas a serem igualmente honestas e objetivas.

A falta de clareza na comunicação acontece o tempo todo. Com freqüência, as pessoas precisam interpretar os comportamentos dos outros pela simples razão de que não se sentem capazes de ser totalmente autênticas em seus relacionamentos.

Quando não revelamos o que pensamos e sentimos sobre as pessoas que estão ao nosso redor, acabamos permitindo que nossas atitudes falem por nós. Nesse caso, as palavras são substituídas por comportamentos e expressões faciais. É o que acontece quando um amigo passa por nós e mal nos cumprimenta, quando um colega de trabalho nos critica pelas costas ou quando o chefe não nos convida para participar de uma reunião importante.

Alguns líderes não são sinceros porque não querem desestimular as pessoas. Acreditam que elas preferem não ouvir críticas espontâneas e honestas, pois isso afetaria sua auto-estima e as deixaria na defensiva. Essa é a razão pela qual eles evitam pôr as cartas na mesa.

A franqueza é, sem dúvida alguma, uma opção difícil. É por isso que muitos chefes fazem vista grossa, toleram graves deficiências e só tomam uma atitude quando já é tarde demais. É muito comum um funcionário ser demitido por ter desempenho ruim e não ter a menor idéia de que essa era a opinião de seu chefe. Como nunca havia sido avaliado criticamente, ele achava que estava atendendo às expectativas da empresa. Ninguém o havia informado da verdade.

A solução para esse dilema é a sinceridade. Se você não quer magoar a pessoa, ridicularizá-la, tenha cuidado com seus comentários. Muita gente fala o que pensa apenas quando quer fazer o outro se sentir péssimo. Entretanto, se pretende chamar atenção para alguma oportunidade de melhoria, a sinceridade é essencial.

A forma e o local onde a conversa acontece também são fatores importantes. Se você vai ter uma conversa honesta e direta com alguém, faça-o particularmente. E planeje como vai encaminhar o assunto.

Geralmente o funcionário respeita o chefe que analisa de maneira franca o seu trabalho. Veja as perguntas básicas que as pessoas fazem quando têm seu desempenho avaliado pelo chefe. Prepare-se para ter as respostas na ponta da língua:

- "O que você acha do meu trabalho?"
- "Você costuma avisar quando está satisfeito com o meu trabalho?"
- "Você costuma avisar quando está insatisfeito com o meu trabalho?"
- "Será que você quer que eu seja bem-sucedido?"
- "Será que você realmente valoriza o meu trabalho?"

O profissional se sente motivado quando seu chefe demonstra firmeza e determinação. Ele respeita o chefe que revela de forma aberta e honesta o que pensa e sente a seu respeito (e como isso influencia sua posição na equipe), que não abre espaço para a negatividade, a mágoa, o ressentimento, a antipatia e menos ainda para o privilégio de uns em detrimento dos outros. É o tipo de líder que sempre age com espontaneidade e determinação. Se algum colaborador sai da linha, ele logo interfere e diz: "Não estou satisfeito com a maneira como você tratou seu colega."

Líderes bem-sucedidos fazem comentários construtivos sobre as pequenas coisas porque sabem que são justamente os detalhes que fazem a diferença.

PASSO 25

Seja sincero e diga aos integrantes de sua equipe o que pensa deles. Faça disso um hábito. Incentive-os a serem francos com você. É proveitoso saber o que pensam a seu respeito.

DICA

Os líderes mais respeitados são objetivos e agem de maneira franca e honesta.

26 DEMITA OS INCOMPETENTES

Não aceite desempenhos medíocres por muito tempo. É melhor dispensar um funcionário do que permitir que os clientes "dispensem" a empresa.

Demitir alguém nunca é agradável, mas pode ser necessário. Todo gerente passa por momentos em que é preciso dispensar algum funcionário. Não é justo arriscar toda a equipe por causa da ineficiência de uma pessoa, o que pode ameaçar não somente a reputação da empresa como também o seu compromisso com os acionistas. Quando um integrante de uma equipe não consegue alcançar as metas estabelecidas ou está sempre abaixo dos padrões de desempenho, a única solução é demiti-lo.

Em um mundo altamente competitivo há sempre os vencedores, os vice-campeões, os que estão em terceiro lugar e "os outros". Os que sobrevivem encontram-se nas três primeiras categorias. Em último lugar estão aqueles que não conseguem cumprir as metas, por mais que prometam e por maior que seja a motivação oferecida por seus líderes.

Esses profissionais podem desgastar o chefe, além de consumir muito do seu tempo. Jack Welch criou um processo de avaliação muito eficiente. Os gerentes tinham que identificar e demitir anualmente os funcionários que tivessem desempenho abaixo do desejado. Sua abordagem era radical e controversa, mas os resultados extraordinários da General Electric durante os 20 anos em que ele esteve no comando não deixam dúvidas sobre a eficácia da regra que ele instituiu.

Sem dúvida alguma, é legal ser bacana com as pessoas, mas às vezes é necessário que o líder esteja pronto para chamar um funcionário ineficiente na sua sala e dizer: "Não dá mais. Você desperdiçou todas as oportunidades de aprimoramento e não conseguiu realizar um bom trabalho. É hora de você deixar a empresa."

Para tornar o processo de demissão o menos desagradável possível, você pode oferecer uma indenização generosa e até dizer algumas palavras bonitas, mas, no fim, tem de deixar o coração de lado e agir como chefe. Não permita que um mau funcionário comprometa o desempenho de toda uma equipe.

Como disse o especialista em investimentos Jim Slater: "Quando se trata de demitir alguém, é preciso ser cruel na decisão e piedoso na execução."

Na verdade, a demissão pode ser um elemento altamente motivador, tanto para os que ficam quanto para quem está indo embora. Como disse um funcionário ao ser despedido: "Não faço a menor questão de trabalhar numa empresa que me demite."

Muitas pessoas se recuperam com facilidade depois da demissão, revigoradas pelo "favor" de serem demitidas de um emprego no qual tinham dificuldades.

Não estou sugerindo que todo líder realize uma cerimônia anual de demissão sistemática de funcionários ineficientes. Apenas recomendo que os gerentes fiquem atentos aos primeiros sinais de mau desempenho, que não demorem a aplicar ações corretivas e que tomem medidas drásticas se o quadro não melhorar.

Como ninguém é perfeito, vez por outra alguém acaba sendo demitido injustamente. Em tais circunstâncias, talvez não faça sentido abrir um processo contra a empresa. Caso o injustiçado seja você, o segredo é continuar tocando a vida e explorando as oportunidades que forem aparecendo.

É importante salientar que, para ser justo com todo mundo, um bom chefe deve deixar claro o que ele entende por bom e por mau desempenho. É necessário que toda a equipe compreenda esse conceito.

PASSO 26

Fique atento aos sinais de mau desempenho. Você consegue reconhecer um desempenho ruim? Sabe lidar com a situação de forma adequada? Se não demitir quem está produzindo abaixo do padrão estabelecido, quem vai acabar na linha de fogo é você.

DICA

Nunca tenha a demissão como meta. Porém, quando achar que é necessária, esteja seguro de que a pessoa merece.

ESPÍRITO DE EQUIPE

Invisível, intangível, indeterminado e indefinível, porém essencial. Essas são as características do espírito de equipe, uma energia vital que dá ânimo e força às pessoas. Sem isso, o negócio perde a motivação e se transforma em fábricas frias, sem vida, e em corredores cheios de máquinas automáticas de refrigerantes, doces e salgadinhos.

O espírito de equipe nos impulsiona e nos mantém ativos. Mas ele não se encontra à venda nem pode ser injetado nas pessoas. Quando essa força se esgota, nós paramos.

Os melhores líderes conseguem motivar suas equipes com sua vitalidade e determinação, enquanto os piores se reprimem por temer que qualquer estímulo libere o talento das pessoas e, assim, percam o controle.

A verdade é que quando você tem essa energia, o espírito de equipe acontece naturalmente. Quando ela não existe, a equipe se desestrutura.

27 Trate sua equipe com respeito
28 Seja cooperativo e crie um clima positivo
29 Identifique o que motiva as pessoas
30 Incentive a livre expressão
31 Mostre às pessoas que você se preocupa com elas
32 Diminua o número de reuniões
33 Assuma a responsabilidade por suas decisões
34 Fique de olho no mau comportamento

27 TRATE SUA EQUIPE COM RESPEITO

O mundo seria um lugar bem melhor se todos fossem tratados com dignidade. Faça isso com cada pessoa que você encontrar hoje.

O que mais se vê por aí são pessoas menosprezando outras pessoas. É uma observação maldosa aqui, uma boca torta ali, um gesto feio, um comentário carregado de raiva, sem falar na crítica constante. É sempre assim: *os outros* nunca sabem de nada, *os outros* podiam ser melhores se pensassem e agissem *como nós*, porque *nós* somos os melhores.

No entanto, não se engane: os líderes que mais se destacam pela capacidade de motivar as pessoas são aqueles que tratam sua equipe com respeito e consideração. Isso se reflete na variedade de pequenas gentilezas que aumentam a auto-estima do pessoal.

É simples entender por que esses chefes agem assim; afinal os melhores líderes...

- Gostam de gente.
- Tratam as pessoas com dignidade.
- Não são arrogantes.
- Respeitam os outros pelo que são.
- Ajudam as pessoas nas dificuldades.
- São tolerantes com os erros e aprendem com eles.
- Não usam nenhum colaborador como motivo de piada.
- Não constrangem ninguém quando algo dá errado.
- Não ficam procurando um bode expiratório.
- Não diminuem o conceito que têm das pessoas quando elas mostram suas fraquezas.
- Tentam contornar a situação quando acontece algo embaraçoso.

A dignidade tem uma relação estreita com o amor-próprio, com o sentimento de auto-estima de cada pessoa. Todos nós temos a capacidade de perceber se as pessoas realmente estão nos valorizando ou prestigiando. Quando esse tratamento especial se confirma, experimentamos o prazer de nos sentirmos bem cuidados.

Tratar sua equipe com respeito significa demonstrar um conjunto de atitudes positivas. Além das mencionadas, veja as outras ações que os líderes eficientes também se empenham em realizar:

- Escutar com atenção a equipe e respeitar as opiniões apresentadas.
- Estar atento às boas iniciativas (em vez de procurar defeitos).
- Demonstrar gratidão (sincera) pela contribuição dos funcionários.
- Ser totalmente sincero e honesto com toda a equipe.
- Ser influenciado pelas pessoas com quem trabalha.
- Tratar as pessoas de igual para igual.
- Estabelecer prazos viáveis para a execução das tarefas.
- Demonstrar seus sentimentos.
- Mostrar que valoriza a equipe por meio de pequenos gestos, usando linguagem corporal, contato visual e palavras de incentivo.
- Demonstrar que realmente confia nos funcionários, fazendo deles seus confidentes.

PASSO 27

Prepare uma lista com as palavras que se relacionam com o conceito de dignidade. Depois identifique um comportamento que "traduz" cada palavra e o aplique em sua vida.

DICA

Comporte-se de modo respeitoso com todos os colaboradores (clientes, fornecedores e funcionários).

28 SEJA COOPERATIVO E CRIE UM CLIMA POSITIVO

Trabalhe junto com sua equipe e evite que ela trabalhe contra você. Diga "sim" sempre que possível.

Uma das pequenas coisas que o verdadeiro líder pode fazer é dizer "sim" ao maior número possível de solicitações. Sua missão é atuar, junto com sua equipe, para o mesmo fim. Isso se chama cooperação, uma outra maneira de dizer "sim" e "pode contar comigo".

Veja alguns comportamentos e atitudes que refletem o mesmo espírito de contribuição:

- Apoio e respeito mútuos ("sim" para ajudar)
- Compartilhar e se importar uns com os outros ("sim" para a consideração e a compreensão)
- Parceria ("sim" para alcançar um objetivo em comum)
- Colaboração ("sim" para o esforço em conjunto)
- Unidade ("sim" para um propósito em comum)
- Trabalho em equipe ("sim" para colocar o espírito de equipe acima do individual)

Para que o negócio seja bem-sucedido, é essencial que haja cooperação nas equipes e entre equipes. Como nas empresas as metas são compartilhadas, é preciso trabalhar em grupo para atingi-las. Não há funcionário que desenvolva um projeto individual que o permita trabalhar sozinho o tempo todo.

Geralmente as metas gerais de uma empresa visam ao bem de todos, o que exige uma boa dose de sacrifício pessoal. Isso significa sublimar as diferenças, não guardar rancor e fazer mais pela companhia do que faríamos para nós mesmos ou para nossa equipe imediata.

Na ausência desse espírito de equipe, o que sobra é a palavra "não". O reflexo disso são as brigas políticas internas que, na tentativa de desqualificar os "inimigos" e impressionar os chefes, se transformam em fofocas e intrigas de todos os tipos.

Quando os departamentos não trocam informações entre si e os funcionários adotam uma posição defensiva ("Isso não é problema meu"), quem acaba sofrendo é o cliente. Em ambientes de trabalho com essas características, as pessoas se recusam a correr riscos e a ajudar as outras – não atendem nem as ligações endereçadas aos colegas para não se envolverem com os problemas de um cliente que pode exigir a ajuda de outros departamentos.

Profissionais desse tipo são resistentes: relutam em acolher as iniciativas de outras áreas e buscam satisfazer apenas as necessidades de seus próprios departamentos. Nesse cenário, qualquer inocente motivado que acredita no trabalho em equipe – e por isso ajuda os outros – acaba se tornando um burro de carga explorado por todos. Quanto mais difícil e desconfiada a equipe, mais desmotivada será. O resultado é pouca ação e nenhuma cooperação.

Para mudar essa situação, o líder da equipe deve ter uma postura firme e clara a respeito do clima positivo que ele deseja ver implantado na empresa. Ele precisa dizer com todas as palavras que a colaboração dentro da equipe e entre equipes é obrigatória.

O segundo passo é redefinir as fronteiras do trabalho, dos cargos e das funções desempenhadas pelas pessoas. Quanto mais restrita a definição de uma tarefa, menor a chance de haver cooperação. É preciso tornar o trabalho mais abrangente e menos individualizado.

O terceiro passo é incentivar os tipos individualistas a reverterem seu ponto de vista. Em vez de interesses pessoais ou do departamento no qual trabalha, o foco precisa ser o bem comum, o que é importante para a empresa.

O quarto passo é definir, junto com as pessoas, a conduta que irá nortear o trabalho em equipe. Não é necessário escrever um manual a respeito disso, mas o novo código de comportamento precisa ser bem compreendido e assimilado pela cultura da empresa.

Quando a maioria se empenha e pensa 10 vezes antes de dizer "não" a um pedido de um colega de trabalho, a mensagem é clara e dispensa qualquer definição formal. Estar disponível e se oferecer para ajudar pode exigir mais de cada um, pois envolve trabalhar para pessoas de fora e de dentro da equipe – mas a dedicação vale a pena.

PASSO 28

Inclua o tema cooperação na pauta de sua próxima reunião e explore o que ele significa na prática.

DICA

"Sim" é uma das palavras mais empolgantes do mundo dos negócios.

29 IDENTIFIQUE O QUE MOTIVA AS PESSOAS

Para estimular os funcionários, é preciso saber o que desperta seu interesse.

É impossível moldar as pessoas. São elas que escolhem se querem agir da maneira que você deseja. Se a clonagem de ovelhas já causa controvérsia, reproduzir pessoas geneticamente idênticas está fora de questão. Mesmo assim, muitas empresas tentam clonar seus funcionários, insistindo que eles se comportem de acordo com seus interesses, em detrimento de sua vontade. Partem do pressuposto de que o que motiva uma pessoa também estimula a outra – daí os programas motivacionais generalistas que se aplicam apenas a uma parcela dos funcionários.

O segredo para motivar pessoas está na disposição do chefe de ajudar cada integrante de sua equipe a identificar e alcançar seus objetivos na vida pessoal e profissional. Para isso, é necessário apenas que ele invista alguns minutos de bate-papo sobre o que entusiasma e mobiliza cada um. Veja as respostas:

- "Quero que meu trabalho faça a diferença."
- "Adoro viajar e o trabalho me dá essa oportunidade."
- "Adoro ser o centro das atenções e é por isso que faço demonstrações para os clientes."
- "Simplesmente adoro agradar os clientes."
- "Resolver problemas para mim é uma diversão. Quanto maior o problema, melhor."
- "Tenho prazer de vir trabalhar porque a equipe é ótima e adoro estar com o pessoal."
- "Gosto deste trabalho porque estou sempre aprendendo coisas novas. Eu já cresci muito aqui."
- "Vou ser honesto. Preciso de grana e trabalho aqui porque o salário é bom."
- "O que me impulsiona é o medo de fracassar. Eu nunca decepciono as pessoas."
- "Nada me motiva mais do que um desafio. Adoro quando meu chefe me lança um desafio."
- "Para ser franco, o que espero é que as pessoas gostem de mim. Quando recebo um elogio, fico supermotivado."

- "A empresa é ótima, de alta qualidade. Para mim, é importante ser associado a este tipo de negócio."
- "O prazer da realização é o que me motiva."

Na verdade, cada pessoa possui seus próprios elementos motivadores. Nem todo mundo se empolga com a idéia de fazer uma apresentação, de escrever relatórios, de viajar a trabalho ou lidar com clientes mal-humorados. Há quem se contente em fazer a mesma coisa todo santo dia, enquanto outras pessoas odeiam tarefas burocráticas e necessitam de mudanças freqüentes.

Compreender a motivação individual significa abolir o autoritarismo e passar a ouvir com atenção, compreender e incentivar. Os métodos tradicionais são hierárquicos e baseados na mentalidade do tipo "Eu sei mais porque sou o chefe e então você deve fazer o que eu mandar". Essa é a antiga política do "comando-e-controle" que não leva em consideração os desejos e necessidades individuais.

Quando um líder consegue identificar o que estimula um funcionário, pode ajudá-lo a seguir na direção desejada. Por exemplo, se ele quer muito se destacar na empresa, os dois podem explorar juntos o melhor caminho para uma carreira bem-sucedida.

Aceitar as pessoas pelo que elas são e pelo que desejam ser exige respeito por suas escolhas pessoais e profissionais (e as devidas conseqüências). Dan Paul, gerente de uma rede varejista no Sri Lanka, sempre começa o dia com uma rápida reunião com a equipe para identificar o que motivará seu pessoal naquele dia.

PASSO 29

Passe cinco minutos com cada integrante de sua equipe e pergunte: "O que motiva você?"

DICA

Ao identificar o que deixa as pessoas estimuladas, você ajuda a explorar o que elas possuem de melhor.

30 INCENTIVE A LIVRE EXPRESSÃO

Crie um clima favorável para que as pessoas se expressem livremente.

A liberdade possui dois aspectos: o direito de tomar decisões e o de se expressar. Geralmente nenhum funcionário se manifesta quando acha que o chefe pode humilhá-lo em público, ridicularizá-lo ou rejeitar abertamente suas idéias. Mas reprimir sentimentos e idéias é perigoso para a empresa, pois os chefes começam a perder contato com a equipe e a não entender o que se passa.

Para que as pessoas prosperem em suas carreiras e se sintam motivadas é essencial que se expressem livremente. Elas precisam se sentir confortáveis para conversar com o chefe sobre qualquer assunto, pessoal ou profissional, e saber que ele as escutará com atenção. Nas reuniões, a pauta precisa ser aberta de modo que todos tenham a oportunidade de falar o que pensam.

Abrir espaço para o livre debate é um desafio para o líder, pois é natural que algumas pessoas façam críticas e culpem o chefe pelas falhas e deficiências do negócio. Só não vale adotar uma postura defensiva e rejeitar os comentários alegando que são todos infundados. Para evitar esse círculo vicioso de culpa e defesa, estimule o funcionário a se expressar positivamente.

Os melhores chefes estabelecem códigos informais de conduta a serem seguidos em debates abertos. E costumam proibir qualquer comentário que tente de forma deliberada ferir a reputação e a auto-estima de alguém.

Se, por um lado, é importante que o funcionário desabafe, é igualmente fundamental canalizar essa manifestação para o fortalecimento e crescimento da equipe.

Um líder eficiente escuta com atenção, pois deseja entender o que os integrantes da equipe pensam e sentem. Fazendo isso, ele logo identifica e resolve os problemas e evita futuras pendências. É muito melhor para um chefe descobrir que uma pessoa está infeliz com o trabalho do que se surpreender com seu pedido de demissão. Ao incentivar a livre expressão, ele ganha agilidade para resolver os conflitos.

Bons líderes são disciplinados. Não reagem irrefletidamente quando ouvem coisas ultrajantes ou absurdas. Tratam de examinar cuidadosamente o problema e entender o que está acontecendo. Afinal, nem todo mundo consegue se expressar de forma clara, sucinta e articulada.

A empresa sempre sofre as conseqüências quando o ambiente de trabalho está tenso. Para reverter isso, é preciso que as pessoas se sintam à vontade para expressar os sentimentos de frustração e revolta. Só assim o chefe consegue lidar com as dificuldades e motivar novamente a equipe.

Um recurso simples e eficiente são os encontros informais para que os funcionários possam apresentar suas idéias e revelar suas emoções. Eles podem ser individuais ou em grupo, de maneira a permitir que cada um diga o que pensa tanto em termos pessoais como coletivos. É muito importante manter um canal aberto para que a equipe possa apresentar os problemas.

PASSO 30

Organize reuniões informais com sua equipe e faça uma pergunta simples: "Como vocês se sentem com o que está acontecendo no momento?" Se achar necessário, realize reuniões individuais.

DICA

Quem não se expressa não tem muita capacidade de compreensão.

31 MOSTRE ÀS PESSOAS QUE VOCÊ SE PREOCUPA COM ELAS

Os líderes bem-sucedidos são atenciosos com quem está ao seu redor.

Perde-se muito tempo falando sobre os chamados valores fundamentais. Mas a verdade é que eles não precisam ser inventados em debates acadêmicos ou fóruns de discussão, pois a missão de qualquer negócio pressupõe um conjunto de princípios específicos que são praticamente indiscutíveis. Entre eles o cuidado, o interesse, a atenção, a preocupação, a solicitude e a responsabilidade.

São conceitos muito abrangentes que precisam ser demonstrados no dia-a-dia. A responsabilidade da empresa não está apenas ligada à questão de segurança, de confiabilidade dos produtos e de respeito aos padrões de qualidade, mas também à atitude da equipe, que, no fundo, reflete a verdadeira cultura corporativa.

Quando o funcionário não é cuidadoso e atencioso, o cliente perde a confiança e a empresa pode ser prejudicada. Se o cliente não se sente acolhido, logo procura uma alternativa e acaba trocando de fornecedor ou de marca. As pessoas responsáveis por esse corpo-a-corpo estão na linha de frente e precisam estar permanentemente motivadas. A atenção que dispensam aos clientes é menor quando percebem que seu chefe não se preocupa verdadeiramente com elas. É por isso que os líderes devem demonstrar diariamente seu interesse pela equipe e pelos clientes. É preciso colocar as pessoas em primeiro lugar, acima do lucro.

Lyn Grahan, chefe de auditoria interna da Câmara Municipal de Portsmouth, tinha um funcionário que não faltava. Ele chegou a ir trabalhar mesmo quando teve um problema grave na coluna, mas ela o dispensou e sugeriu que trabalhasse em casa até que melhorasse. Quando ele voltou, Lyn propôs a compra de uma cadeira especial para ajudá-lo. Ela se preocupa e a equipe sabe disso. E retribui da mesma forma.

Não é tão complicado demonstrar que você se importa com sua equipe. Se você sabe que a esposa de seu assistente está com dengue, pergunte: "Como vai sua esposa? Está melhor?" Se perceber que a secretária está com uma aparência abatida, aproxime-se e pergunte se pode ajudá-la em alguma coisa. Pode ser que precise dedicar 10 minutos de seu tempo para escutá-la falando sobre um problema que está enfrentando em casa, mas vale a pena.

Seu comportamento refletirá o quanto você se preocupa. Quando a equipe estiver ocupada, pegue café para o pessoal ou atenda as ligações – essas pequenas gentilezas demonstram atenção e são muito apreciadas por todos.

Ser atencioso requer um alto grau de sensibilidade ao que está acontecendo ao seu redor. Suas antenas precisam captar os sinais de estresse ou de depressão para que você possa oferecer apoio e incentivo à pessoa para que ela supere o problema.

Esses cuidados são importantes porque criam elos emocionais entre as pessoas. Quando você sente que alguém está baixo-astral, demonstre compreensão e tente levantar seu ânimo. O verdadeiro líder se preocupa com o bem-estar de todos – clientes e funcionários.

PASSO 31

Identifique cinco coisas que você pode fazer para mostrar que se preocupa de verdade com os integrantes de sua equipe – e mais cinco que demonstram que você também se preocupa e cuida de seus clientes.

DICA

Prestar atenção, confiar, cuidar... tais sentimentos precisam ser verdadeiros para serem efetivos. As empresas crescem e caem de acordo com a forma como cuidam das pessoas.

32 DIMINUA O NÚMERO DE REUNIÕES

É necessário que os líderes reduzam o tempo gasto em reuniões para que possam dar mais atenção aos funcionários, clientes e fornecedores.

Dá para perceber quando uma empresa é mal administrada. Ninguém nunca está disponível. As pessoas estão sempre tão ocupadas (participando das reuniões) que pode demorar meses até que se consiga marcar um horário. A impressão que dá é que todo mundo está envolvido em todos os projetos.

Alguns funcionários têm dificuldades até para conversar com seu superior imediato, o que não é nada produtivo. Problemas ficam pendentes à espera de uma solução, e os chefes acabam perdendo contato com a realidade. O resultado é uma crescente desmotivação.

A saída é reduzir ao máximo o número de reuniões. Nenhum chefe deve ocupar todo o seu tempo disponível com reuniões – é preciso estar disponível para lidar com os imprevistos e dar atenção aos funcionários. Uma regra eficaz é limitar em 25% o tempo gasto em reuniões.

Veja outras sugestões para reduzir o número de reuniões:

1. Reuniões diárias com a equipe de, no máximo, 15 minutos. Detalhe: com todo mundo de pé. A idéia é informar o que aconteceu no dia anterior e o ponto em que cada projeto se encontra. Nada de discussões, apenas esclarecimentos.
2. Reuniões semanais com a equipe de, no máximo, meia hora. Na pauta, feedback do desempenho da semana anterior e preparação para a semana seguinte.
3. Reuniões mensais de, no máximo, três horas de duração. O objetivo é analisar e tomar decisões com relação a questões de longo prazo.
4. Dois retiros anuais fora da empresa, de preferência um deles com duração de oito horas e o outro de dois dias. O isolamento favorece o trabalho de rever, discutir e desenvolver estratégias para o ano seguinte.
5. Sessões mensais de uma hora com cada funcionário para avaliação de desempenho e discussão de questões individuais.

Tente escapar dos convites para integrar comitês e comissões que tratam de assuntos específicos. A maioria desses grupos não faz muito mais do que se reunir e gerar discussões enfadonhas e irrelevantes que não promovem o entendimento e, o que é pior, nem a tomada de decisões significativas. Mesmo quando eles chegam a alguma conclusão, a execução é inadequada.

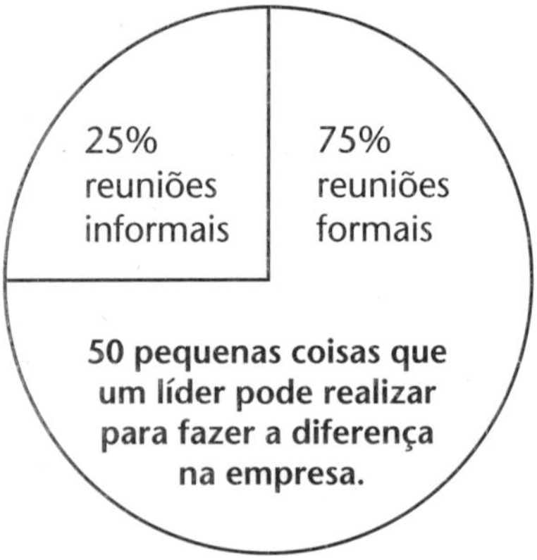

Além disso, os comitês têm dificuldade para responsabilizar alguém por algum erro que tenha sido cometido internamente. O resultado é que, mesmo quando eles decidem algo, nada acontece. Em outras palavras, o comprometimento não é o seu forte. É mais fácil encontrar equipes empenhadas em cumprir com o que concordaram em realizar.

Como regra geral, as empresas que possuem o menor número de comitês e a menor quantidade de reuniões formais são aquelas que contam com os funcionários mais motivados.

PASSO 32

Seja implacável: cancele todas as reuniões que não considerar fundamentais. Da mesma forma, não participe daquelas em que sua contribuição será mínima.

DICA

Quanto mais reuniões ocorrerem em uma empresa, menor a responsabilidade individual.

33 ASSUMA A RESPONSABILIDADE POR SUAS DECISÕES

Só peça conselhos e opiniões quando não houver outra opção.

Ou você pede conselho ou você decide – não dá pra ter as duas coisas ao mesmo tempo. Na verdade, 90% das consultas são totalmente desnecessárias. A busca de informações gera atraso, desmotivação e menor competitividade. Para tocar a empresa, é preciso que os líderes tomem decisões e se responsabilizem por elas. É perda de tempo pedir a opinião das pessoas em grande parte das decisões.

As pessoas admiram o chefe que decide e odeia o tipo inseguro, que insiste em repetir a ciranda de consultas às pessoas mais diferentes.

O problema é que o excesso de consultas acaba por abafar o princípio fundamental de qualquer negócio: a responsabilidade por suas próprias ações. Uma empresa só consegue prosperar quando todos os funcionários conhecem exatamente suas obrigações.

Quando se tem clareza de propósitos, basta fazer o que tem que ser feito e, conseqüentemente, a necessidade de consultar os outros diminuirá. Confie que as pessoas vão tomar as decisões certas.

Outro problema em pedir opiniões é que os amadores e os novatos se entusiasmam com a oportunidade e acabam tentando aconselhar os profissionais. A posição que deve ter o maior peso é a do responsável por tomar a decisão e implementá-la.

É mais importante informar as pessoas sobre uma decisão do que consultá-las antes que ela seja tomada.

Pedir conselhos, portanto, é um comportamento inútil, ineficiente e frustrante, especialmente quando está claro qual decisão deve ser tomada. Além do mais, as pessoas precisam aprender a correr riscos. Freqüentemente a busca por conselhos se arrasta porque elas procuram o consenso. Como não dá para agradar a todo mundo, é melhor tomar uma decisão logo no início, mesmo sabendo que nem todos a aceitarão.

O único momento em que as consultas são proveitosas é quando você está inseguro e precisa de mais informações para tomar uma decisão. Se a questão é controversa, é prudente se aconselhar com as minorias e levar em conta seus pontos de vista. Às vezes a conveniência é melhor do que a concordância absoluta. Uma última razão para sondar as pessoas é quando a decisão for afetá-las diretamente. Só nessas situações a consulta faz sentido.

"Estou decidindo se devo ou não consultá-lo com relação à seguinte decisão que devo tomar: será que devo ou não consultá-lo com relação à decisão?"

O líder que toma decisões sem ouvir ninguém não é um ditador. Ele apenas confia em sua equipe e em seus executivos seniores para conduzir a empresa na direção desejada. O chefe que não tem confiança, clareza de propósito e bom senso é o que se resguarda solicitando a opinião de meio mundo.

O segredo não está em se aconselhar, mas em informar as pessoas sobre suas decisões. Portanto, nunca consulte seu chefe a respeito de um problema – pela simples razão de que a opinião dele se tornará a decisão a ser tomada. É mais importante decidir por si mesmo e então, gentilmente, informar ao chefe.

O lema da Nike, "Just do it" (Simplesmente faça), é muito apropriado para o mundo dos negócios.

PASSO 33

Simplesmente faça. Tome uma decisão e pare de consultar os outros – apenas informe-os de sua decisão.

DICA

A consulta é a morte da capacidade de decisão.

34 FIQUE DE OLHO NO MAU COMPORTAMENTO

Tolerância zero para o comportamento grosseiro e desrespeitoso.

O mau comportamento desestimula todo o grupo. Ele é como um vírus que infecta as equipes, drena a energia das pessoas e causa grandes estragos. Como os chefes mais fracos não conseguem enfrentar esse tipo de problema, instala-se um clima negativo e o desempenho diminui drasticamente.

Cada líder precisa estabelecer uma política de tolerância zero em termos de comportamento. E definir que punições serão aplicadas em quem desrespeitar os limites e as regras. Certas atividades podem desagradar o chefe, mas, se estiverem dentro do que foi combinado, então é melhor tolerá-las. O importante é que as normas e os procedimentos sejam claros para todo mundo.

Alguns anos atrás, eu estava dando uma palestra numa conferência em um hotel em Birmingham, Inglaterra. Às três horas da manhã, acordei com o barulho dos participantes de uma outra conferência, bêbados, arrastando-se pelo corredor, gritando, cantando, xingando e batendo nas portas dos quartos dos outros. As reclamações chegaram à administração do hotel, que resolveu o problema, mas repassou a queixa ao presidente da empresa que estava realizando a conferência. Na manhã seguinte os envolvidos foram chamados e demitidos por prejudicarem a imagem da empresa.

É possível tolerar erros e deslizes, mas isso não se aplica aos comportamentos agressivos e desrespeitosos que abalam a disciplina necessária para que as pessoas trabalhem com afinco e se esforcem para gerar bons resultados.

Outros exemplos de mau comportamento:

- Falar mal dos outros pelas costas (e freqüentemente desrespeitar as pessoas).
- Criar dificuldades (sempre se negando a fazer o que lhe é solicitado).
- Fazer comentários ofensivos e/ou gestos obscenos.

- Abusar dos privilégios (usar material da empresa para fins pessoais).
- Fazer comentários de natureza preconceituosa.
- Falar palavrões, gritar e/ou perder a paciência.
- Chegar sempre atrasado ao trabalho e às reuniões.
- Ter o hábito de interromper os outros.
- Fazer brincadeiras de mau gosto.
- Ignorar os outros.
- Perseguir e intimidar algum colega.
- Desperdiçar dinheiro.
- Assediar alguém sexualmente.
- Reclamar de tudo.
- Não escutar os colegas.
- Manter uma postura "do contra", em vez de cooperar.
- Furtar materiais da empresa (por exemplo, artigos de papelaria).
- Colocar fotos ofensivas nas paredes e na tela do computador.
- Mentir (encobrir, ou não admitir seus atos).
- Tentar impor suas idéias sobre como as pessoas devem trabalhar.
- Passar muito tempo conversando sobre questões pessoais.
- Nunca se oferecer para ajudar em uma emergência (deixando que os outros integrantes da equipe façam o trabalho extra).
- Não desligar o celular durante as reuniões e dar mais prioridade às mensagens de texto do que ao que os colegas estão dizendo.

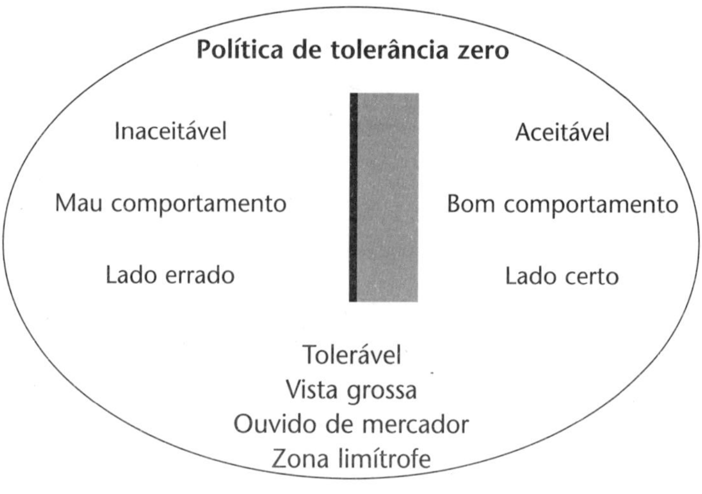

PASSO 34

Seja proativo e evite o mau comportamento. Chegue a um consenso junto com a equipe e estabeleça um código de conduta para o trabalho em grupo. Não é preciso fazer um manual sobre o tema, mas rever o código de vez em quando pode ser útil.

DICA

A causa do mau desempenho é sempre o mau comportamento.

APROVEITANDO AS OPORTUNIDADES

O mundo não pára e nós precisamos aprender a nos movimentar junto com ele – quem sabe até mesmo tomar a sua dianteira. Aqueles que não conseguem se aperfeiçoar ficam para trás e acabam perdendo a corrida.

É difícil ficar o tempo todo aprendendo e desenvolvendo novas habilidades, mas essa é a realidade – não dá para escapar. Ninguém pode esperar que a empresa ofereça todos os recursos necessários sob medida para o seu crescimento profissional.

O processo de aprendizagem precisa ser abrangente, ir além da sala de aula – incluindo internet, livros e consultas com os colegas mais experientes. O segredo é se manter motivado e não depender dos cursos e workshops obrigatórios.

35 ENSINE A SI MESMO

A melhor forma de ampliar seu conhecimento sobre o mundo dos negócios é tornando-se professor.

Andrew Messenger, presidente da West Bromwich Building Society, na Inglaterra, tem como prioridade participar dos treinamentos para os novos funcionários. Andrew valoriza tanto o desenvolvimento de pessoal que faz questão de fazer a primeira palestra e até de participar do almoço de boas-vindas aos participantes. Em sua apresentação, enfatiza os valores da empresa e o foco no aperfeiçoamento profissional e no atendimento aos clientes.

Nick Clayton, na época em que era gerente geral do Ritz Carlton em Cingapura, se encarregava pessoalmente do treinamento de liderança, mas até o presidente do grupo hoteleiro conduzia regularmente cursos de aperfeiçoamento. Jack Welch, ex-presidente da General Electric, declarou que, mesmo quando a GE passou por um período difícil nos anos 1980 e teve de demitir pessoal, ele continuou a apostar nos programas de treinamento. Na verdade, até aumentou o investimento nessa área. "Eu adoro ensinar", afirma Welch.

Assim, algo que você pode fazer como líder empreendedor é conduzir eventualmente treinamentos sobre gestão de negócios não apenas para seus funcionários diretos, mas para os de outros departamentos também. Isso tem algumas vantagens. Como você já possui o básico – experiência e conhecimento técnico –, acaba desenvolvendo na prática o know-how sobre como motivar equipes e aprimorar suas habilidades didáticas, além de autoconfiança.

O segundo benefício de ser um palestrante ou facilitador é o estímulo para se manter atualizado em sua área de atuação. Afinal, para ensinar é preciso primeiro ensinar a si mesmo. É improvável que consiga transmitir noções de administração do tempo se você não consegue manter sua própria agenda organizada.

Na verdade, atuar como *coaching* obriga você a se reciclar. Chris Hughes, que trabalhou no banco inglês Bradford & Bingley, investiu pesado na auto-aprendizagem. Gastou mais de R$ 5 mil do próprio bolso para participar de um seminário do guru norte-americano Anthony Robbins. Sua determinação o ajudou a liderar a corrida competitiva, beneficiou seus clientes e contribuiu para o seu sucesso profissional.

Quando uma pessoa tem sede de aprender, sua motivação geralmente é tão grande que ela tem vontade de passar para os outros as lições mais valiosas. Uma outra vantagem de ensinar é que você expõe seu raciocínio e seu ponto de vista a um exame rigoroso, o que pode acabar sendo um teste valioso para suas teorias e práticas. Se houver quaisquer pontos fracos em seus argumentos, eles serão expostos de forma dinâmica e proveitosa.

PASSO 35

Procure o departamento de recursos humanos de sua empresa e se ofereça para liderar um programa de motivação. Caso a empresa seja pequena, organize o programa você mesmo.

DICA

O que você aprende sobre o mundo dos negócios é valioso. Passe esse conhecimento adiante.

36 CONHEÇA SUA EQUIPE

Procure conhecer as pessoas com quem trabalha – isso o ajudará a lidar com elas.

Todos nós possuímos personalidades complexas e características psicológicas que nem nós mesmos entendemos. É reconfortante ter um chefe que procura entender isso, mas a verdade é que a maioria se limita a lidar com números e resultados.

É lógico que a produtividade no trabalho é importante, porém, se o seu objetivo for deixar as pessoas motivadas para que elas dêem o seu máximo, é melhor se dedicar a compreendê-las.

É o que fez a executiva Doris Chee, gerente do restaurante do Oriental Hotel em Cingapura: "É preciso estudar cada colaborador como se fosse um livro. Conhecer seus pontos fortes e fracos, motivações, habilidades e experiências, bem como a atitude e reação aos altos padrões de desempenho que estabelecemos. Só assim é possível ajudar cada um a se aprimorar."

Olivia Lum, fundadora e presidente da Hyflux Company, também aposta em um relacionamento mais próximo com a equipe: "Aprendi com meus professores que saber é poder. Por isso gosto de fazer muitas perguntas às pessoas para poder entender melhor o que e como elas pensam."

Nanz Chong-Komo, fundadora da loja ONE.99, vencedora do International Management Action Award de 2001, acredita que as pessoas ficam motivadas quando percebem que você se importa com elas: "Eu tenho insights sobre as vidas das pessoas e já percebi que 50% da motivação depende de pequenas gentilezas como perguntar como ela está se sentindo."

A lógica aplicada por Doris, Olivia e Nanz na relação com sua equipe parece irrefutável – o surpreendente é que essa questão seja freqüentemente relegada a um segundo plano na maioria das empresas.

Não resta dúvida de que, nesse caso, o melhor investimento é mesmo a proximidade e a afinidade com as pessoas que trabalham com você. Quando o chefe não se esforça para que isso aconteça, aumentam as chances de ocorrerem mal-entendidos, pois os conflitos corroem o ânimo e o entusiasmo dos profissionais.

Geralmente o que causa o desestímulo são as pequenas coisas que as pessoas dizem e fazem: as nuances de atitude e de humor, a linguagem corporal e a expressão facial. A solução é mesmo investir na compreensão de cada detalhe e seu significado, além de buscar sempre as respostas para as perguntas "Por que as pessoas se comportam assim?" ou "Por que elas disseram isso?".

Assim você entenderá o que está por trás do bocejo, da cara de tédio, do comentário grosseiro e até da resistência a tudo o que é novo ("Não, não, não dá para fazer isso"). Você vai, enfim, compreender por que Janete sempre é a primeira a se oferecer para ajudar, enquanto Júlio evita assumir qualquer responsabilidade, Jane só sabe reclamar e Jim está sempre animado.

O chefe que tem uma relação forte com sua equipe pode ajudála a melhorar seu desempenho. Se as pessoas recusarem ajuda, ele poderá ao menos tentar entender o porquê da negativa e mostrar a elas como enfrentar suas dificuldades e superá-las. Para isso, o chefe tem de saber escutar com atenção e, acima de tudo, se dispor a aprender, em vez de dar ordens, e ensinar a fazer.

Procure ver, perguntar e construir imagens que reflitam o seu verdadeiro eu – ou seja, sua personalidade, identidade e postura.

PASSO 36

Todo dia escolha um colaborador como alvo de sua atenção. Procure compreendê-lo, descobrir o que o motiva. Aprenda a lição e então a aplique.

DICA

O melhor chefe é como um livro aberto: todo mundo pode conhecê-lo e compreendê-lo.

37 LEVE AS PESSOAS AO LIMITE

Ajude seus funcionários a provarem a si mesmos que são capazes de muito mais.

É difícil nadar no raso – e impossível aprender a nadar por meio da leitura de um livro ou assistindo a palestras sobre o assunto. Mover-se com agilidade na água e se sustentar sobre ela usando os braços e as pernas tem a ver com ampliar seus limites pessoais. Diz respeito também à eliminação de alguns medos previsíveis e à disposição de provar a si mesmo que tudo é possível. Em geral, as barreiras que atrapalham a realização de nossos objetivos são mecanismos psicológicos que criamos para nos proteger. Não é todo mundo que consegue mergulhar de cabeça nas novas experiências.

Os chefes menos eficientes permitem que seus funcionários nadem no raso todos os dias. Pode ser prazeroso por um tempo, mas acaba se tornando chato. Enquanto isso, a concorrência faz travessias em alto-mar e se mostra capaz de alcançar rapidamente o outro lado da baía.

Muitas pessoas se contentam em passar a vida nadando sem ter um objetivo específico. Contentam-se em ter certo conforto – ou seja, são acomodadas.

Os melhores líderes sabem que é saudável de vez em quando expor seus funcionários a situações difíceis – enfrentar desafios aumenta suas chances de sobrevivência, pois proporciona uma experiência mais profunda e abrangente e os torna aptos a lidar com a pressão da concorrência cada vez mais acirrada. Essa técnica é mais valiosa e enriquecedora do que simplesmente deixar sua equipe na zona de segurança.

Inevitavelmente, o risco de "nadar em alto-mar" é maior quando comparado ao conforto da beirinha da praia. Para aprender de verdade é preciso sair da zona de conforto e superar obstáculos. Quando o risco é baixo, a experiência e a aprendizagem são mínimas.

Conseqüentemente, a motivação diminui à medida que as pessoas vão se tornando inflexíveis em termos de atitude e mentalidade.

Os desafios também podem ser encarados como estímulos, pois mandam um sinal claro de que a empresa acredita e confia naqueles profissionais para tomar decisões ousadas. Veja alguns exemplos de quem não recusa um convite para "nadar em alto-mar":

- Ser convidado para fazer uma apresentação à diretoria (geralmente é o líder quem faz).
- Ser indicado como representante da empresa em uma negociação importante com um cliente.
- Ser escolhido para organizar um evento importante (por exemplo, as comemorações dos 10 anos da empresa).
- Ser convidado para assumir temporariamente o lugar do chefe que passará três meses no exterior a negócios.
- Assumir o projeto de lançamento de um novo produto, contando com um orçamento vultoso.
- Ser indicado para liderar uma iniciativa importante de mudança da empresa.
- Ser escolhido para ser o assistente pessoal do presidente por três meses.
- Ser responsável pelo fechamento de uma fábrica improdutiva.
- Ser convocado para substituir o gerente nacional que está doente. Detalhe: com dois dias de antecedência.

Efetivamente, essas experiências-limite fazem com que as pessoas mostrem do que são capazes. Caso lidem bem com os desafios, superando-os com segurança e bom senso, terão provado sua eficiência profissional.

Expor as pessoas a esse tipo de situação é emocionante e estimulante, além de muito prazeroso para algumas (é o equivalente a saltar de bungee-jump). Entretanto, a ousadia não é para todos. Por mais que o chefe queira dar essa chance, sempre haverá os que se esquivarão, preferindo algo mais seguro e conhecido. É preciso lembrar que ao optar por limitar suas habilidades e experiências, esses profissionais diminuem sua visibilidade no mercado de trabalho, pois perdem na comparação com os colegas que não resistem a um bom desafio e sabem aproveitar as oportunidades.

PASSO 37

Ofereça desafios para aqueles funcionários que de fato têm potencial e que podem se destacar. Por exemplo, envie-os à jaula do leão para que alimentem os felinos com informações valiosas e propostas irrecusáveis.

DICA

A profundidade da mente de uma pessoa é o resultado da vontade que ela tem de vivenciar uma experiência-limite.

38 INVISTA NO TALENTO DE SUA EQUIPE

Ajude cada colaborador a crescer e a desenvolver suas habilidades e competências.

São as pequenas gentilezas que motivam e ajudam as pessoas a crescer. Somos mais sensíveis do que parecemos. Simulamos possuir uma "pele grossa" para proteger nossa auto-estima, mas somos influenciados pelas nuances dos comportamentos dos outros – por exemplo, se a pessoa nos cumprimentou ou ignorou, se nos achou interessante ou se nos rejeitou.

Geralmente fingimos a maior parte do tempo. Preferimos esconder como nos sentimos e como as atitudes e as palavras nos afetam. Tentamos disfarçar nossas limitações, vulnerabilidades e deficiências porque temos medo do ridículo e também de que isso afete negativamente nossa vida profissional. Entretanto, paradoxalmente, são essas dificuldades que precisamos enfrentar se quisermos crescer na carreira.

Esse tema é complicado, muito subjetivo e arriscado, na medida em que pode afetar a auto-estima das pessoas. Usamos a rejeição para nos esconder de nós mesmos porque existe uma parte de nós que gostaria de se esconder do mundo – mas é exatamente essa parte que precisa de conserto e regeneração.

Em outras palavras, todo mundo precisa de estímulo para ser bem-sucedido ao longo do tortuoso e competitivo caminho de tentar fazer o melhor pelo negócio. As pessoas que não recebem incentivos acabam se comportando de modo radical, indiferentes ao impacto de suas atitudes, ou de modo retraído e tímido.

Quando não somos estimulados, perdemos a percepção de quem somos e de como somos percebidos. Criamos uma imagem do que desejamos ser e nos convencemos de que é assim que os outros nos vêem. Aceitamos a percepção dos outros apenas se ela estiver de acordo com nossa auto-imagem. Caso contrário, a rejeitamos.

Esse tipo de reação extremada abre espaço para a subserviência, a bajulação e a hipocrisia, podendo inclusive levar a um estilo ditatorial de gestão. Ninguém pode enfrentar um líder com essas características. Em geral, ele só se dispõe a ouvir o que estiver de acordo com a sua própria versão dos fatos e com a imagem heróica que ele tem de si mesmo.

Coaching e orientação são as alternativas para reverter essa situação. Em um mundo ideal, todas as pessoas deveriam ter um mentor ao qual pudessem recorrer para discutir as ambigüidades, os pensamentos mal assimilados, as preocupações e os medos que nos afligem. Todos nós precisamos de alguém em que possamos confiar nossas idéias e sentimentos mais íntimos – não importa o quanto sejam irracionais e inusitados.

Os melhores chefes desenvolvem uma sensibilidade que lhes permite orientar e aconselhar seus funcionários, mesmo quando eles revelam idéias obscuras e tendências extremas. O mero desabafo permite que a pessoa lide com tais idéias e tendências e, de certa forma, as esvazie, impedindo assim que exerçam seu potencial explosivo. Essa é a estratégia para que cada rosa floresça em todo o seu esplendor, em vez de crescer sem cuidados especiais, atrapalhando o desenvolvimento das outras rosas.

Quando os líderes exageram na pressão por resultados, não há muito espaço para trabalhos de *coaching* e aconselhamento. O resultado é um ambiente de trabalho tenso e desanimado que torna ainda mais difícil a missão de formar profissionais que se dediquem aos negócios com a energia e a sensibilidade necessárias.

A orientação é um processo fundamental, embora seu benefício não seja percebido imediatamente. Todo mundo precisa de alguém para compartilhar e discutir as próprias idéias. Quando a pressão por resultados é exagerada, nosso raciocínio se torna confuso e incoerente e isso afeta nosso poder de decisão. Assumir o papel de *coaching* é a melhor maneira de os gerentes demonstrarem o quanto se preocupam com a equipe.

PASSO 38

Caso você ainda não tenha o seu, escolha um colega em que possa confiar para ajudá-lo em seu desenvolvimento e crescimento. Basta que ele seja capaz de escutá-lo com atenção e o auxilie a melhorar o raciocínio. Da mesma forma, coloque-se à disposição para orientar alguém.

DICA

A natureza sem controle é selvagem, mas, quando bem tratada, ela pode crescer e tornar-se bela.

39 PROMOVA O CRESCIMENTO DE SEUS FUNCIONÁRIOS

Faça com que eles saiam da rotina e relaxe. A empresa só tem a ganhar com isso.

Quando fazemos a mesma coisa todo dia, acabamos perdendo a motivação, caindo na monotonia e comprometendo os resultados. Não conseguimos dar o máximo se não sairmos ocasionalmente da rotina.

Fazer as coisas mecanicamente pode ser perigoso. Quando a pessoa passa horas a fio digitando, acaba adquirindo uma lesão por esforço repetitivo; quando ela processa as mesmas informações 100 vezes ao dia, é o seu cérebro que sofre a lesão por repetição. Daí o cumprimento decorado, a pergunta padronizada e a resposta ensaiada. Essa rotina é muito desgastante e, por mais que se encontre prazer no trabalho, é inevitável o cansaço com as tarefas que fazem parte do cotidiano profissional. Em vez de prazeroso e estimulante, o trabalho se torna um desafio difícil.

O funcionário desmotivado falta ao trabalho por motivo de doença (real ou não) e muda de emprego na esperança de encontrar novos interesses. Os melhores chefes não permitem que as pessoas "percam o gás". De vez em quando, criam projetos e parcerias para que eles possam recarregar as baterias e aprimorar suas habilidades em ambientes diferentes e com profissionais diferentes. Nada como mudar de ares.

Uma viagem ao exterior é a maneira mais cobiçada de se quebrar a monotonia. Embora dispendiosa, traz um enorme benefício para a motivação da equipe. Uma experiência internacional amplia os horizontes e favorece o desenvolvimento de uma postura mais flexível contra o raciocínio cristalizado e institucionalizado de quem repete diariamente as mesmas tarefas. A empresa só tem a ganhar com isso, pois as pessoas retornam repletas de histórias para contar e deixam os colegas igualmente motivados.

Outra alternativa é o treinamento externo. A chance de trocar experiências com colegas de outras empresas e também com especialistas amplia as perspectivas de todos. As visitas a outras unidades da empresa ou a inversão de "papéis por um dia" também têm seu valor. É recomendável que os funcionários da matriz, sempre "presos" no escritório, visitem as fábricas, os centros de distribuição e até mesmo acompanhem as equipes de vendas para entrar em contato com a realidade. Da mesma forma, quem faz serviços externos, visitando clientes, precisa ir à matriz para vivenciar o dia-a-dia da empresa e entender como as decisões são tomadas.

Quem trabalha em telemarketing deve ser liberado ocasionalmente para conhecer as pessoas que ligam para a empresa. É importante saber como é estar do outro lado da linha e vivenciar as experiências dos clientes. Mas vale também fazer um intervalo para respirar um pouco de ar fresco, dar uma volta no parque com os integrantes de sua equipe ou dar um pulinho na lanchonete para tomar um cafezinho e bater um papo. Por que não levar seus funcionários a um restaurante para almoçar na última sexta-feira de cada mês? Com certeza surgirão idéias interessantes.

Se você não permitir que seus funcionários relaxem, eles se tornarão meros robôs realizando a mesma rotina todos os dias. Todo mundo precisa sair de seu ambiente de vez em quando e ser exposto a novos pensamentos, raciocínios e práticas.

PASSO 39

Faça um planejamento para que cada integrante de sua equipe se ausente da empresa pelo menos duas vezes ao ano (além das férias).

DICA

Até mesmo no trabalho precisamos de liberdade para mudar de ares.

AS SEIS MENTALIDADES ESSENCIAIS

A principal preocupação de qualquer líder é fazer das pessoas sua prioridade. Entretanto, existem outras mentalidades inter-relacionadas que são necessárias para apoiar essa visão e ao mesmo tempo ser bem-sucedido nos negócios.

Talvez o líder deva dedicar 75% de seu tempo, energia e pensamento às questões relativas ao desenvolvimento das pessoas que trabalham em sua equipe. Os 25% restantes devem ser direcionados aos pequenos detalhes necessários para que se apliquem os conceitos apresentados a seguir (que, de certa maneira, se sobrepõem).

40 Primeira mentalidade: pessoas
41 Segunda mentalidade: clientes
42 Terceira mentalidade: dinheiro
43 Quarta mentalidade: pense positivamente
44 Quinta mentalidade: atitude 110%
45 Sexta mentalidade: faça a diferença

40 PRIMEIRA MENTALIDADE: PESSOAS

Quando se trata de tocar o negócio, a primeira coisa que você deve ter em mente são as pessoas.

No mesmo dia em que John Hayes assumiu a direção da loja de departamentos John Lewis, em Newcastle, Inglaterra, lá estava ele, na entrada dos funcionários, dando as boas-vindas a todos que trabalhavam na loja. Esse era o seu estilo, disponível desde o primeiro momento para sua equipe. Não por acaso ele passou grande parte de seu primeiro dia conversando com as pessoas, ouvindo atentamente e descobrindo suas idéias e opiniões.

Poucos chefes se expõem dessa maneira. Em geral eles se mantêm à distância, estão sempre em reuniões e deixam a equipe sem saber o que está acontecendo. Na verdade, o único momento em que os gerentes estão 100% presentes é quando alguma coisa dá errado. Nessas situações, eles não hesitam em criticar, apontar os erros, punir e até ensinam qual é a melhor maneira de realizar a tarefa que deu errado.

Esse tipo de chefe sempre tem uma solução mais eficiente para sugerir – pena que só a revele depois que o problema ocorre. Em geral, é incapaz de prever situações. Como é mais fácil se especializar em reagir às coisas negativas, torna-se especialista em apontar ineficiências e falhas operacionais (que, é claro, acontecem sempre que ele não está por perto).

Os melhores líderes são emocionalmente inteligentes e sabem o que cada funcionário pensa e sente. Eles têm consciência da importância de cada um e buscam formas diferentes de ajudar a melhorar seu desempenho. Eles conhecem a dinâmica emocional de sua equipe e aquilo que a impulsiona.

Ao mirar no lado humano do negócio, os líderes procuram estabelecer um canal de comunicação. Sabem que os pequenos gestos podem fazer grande diferença. Assim, escolhem com cuidado as palavras que usam e o tom de sua voz e planejam a melhor maneira de dar um feedback. Eles sabem que relacionamentos são uma via de mão dupla e, por isso, refletem cuidadosamente sobre o que as pessoas lhes dizem. Essas, por sua vez, escutam com atenção e entusiasmo suas idéias, conscientes de que têm a confiança e o apreço da chefia.

Esse tipo de chefe passa horas pensando no profissional que deve contratar, no melhor treinamento a ser dado e na maneira mais eficaz de se comunicar com o novo funcionário. Ansioso por ver o sucesso do negócio, ele investe sua energia mental pensando na melhor forma de reconhecer e premiar o esforço e a contribuição de cada colaborador. A última coisa que deseja é que os integrantes de sua equipe se queixem de não ser valorizados.

PASSO 40

Reflita sobre como motivar sua equipe e o que mais você pode fazer para reconhecer e premiar seu esforço.

DICA

Os melhores gerentes estão sempre disponíveis para ajudar a equipe.

41 SEGUNDA MENTALIDADE: CLIENTES

Incentive a equipe a construir relações de cooperação com os clientes, em vez de simples relações comerciais.

Os clientes são os astros principais do mundo dos negócios. A vida seria muito triste sem eles. Eles são maravilhosos. Eles marcam os gols para você, levam seu time para a primeira divisão e são vistos como ídolos e pessoas de muito bom gosto. Sem eles, o mundo dos negócios seria um enorme vazio. Não haveria nada para se fazer. Sequer conseguiríamos comer, quanto mais ter um teto para morar. Sem os clientes, não somos nada.

A principal mensagem de motivação, que deve ser reforçada nas comunicações diárias de uma empresa, é a de que cada colaborador é "amigo do cliente" e tem a responsabilidade de ajudá-lo a atingir seu objetivo por meio da compra que deseja. Não há nada mais importante do que auxiliar o cliente a realizar o sonho dele. Cada funcionário deve ter essa meta, pois o sucesso do negócio depende dessa equação – funcionários felizes atendendo clientes felizes.

Charles Denton, diretor administrativo da Molton Brown, uma empresa de produtos de beleza, declara: "Nosso objetivo não é vender, e sim ajudar os clientes a fazer compras."

De fato existem situações em que a palavra "venda" pode ter uma conotação negativa. É o caso quando se tenta persuadir o cliente a comprar algo que ele não sabe se quer mesmo. Se ele pedir o produto, tudo muda, pois fica óbvio que pretende adquiri-lo. Assim, torna-se desnecessário "vender" o produto.

O que é fundamental nessa relação é informar o cliente sobre os produtos, oferecê-los e incentivar a sua compra. Existem várias técnicas de vendas que podem ser usadas, algumas muito criativas.

Uma opção é recorrer à psicologia e explorar as interações emocionais que ocorrem quando a equipe está em contato com o cliente (seja interno ou externo). Como o funcionário se entende com o cliente? Como ele identifica as necessidades do cliente? Como ele orienta o cliente e apresenta a linha de produtos da empresa? E, por fim, o que ele faz para atrair a clientela?

A resposta a todas essas perguntas está na habilidade de questionar e sugerir, em oposição à capacidade de pressionar e persuadir. São duas perspectivas opostas. Para questionar e sugerir é preciso confiar nos clientes na hora de tomar decisões (a seu favor, é claro). Uma abordagem sensível e cativante pode ser determinante para o sucesso, enquanto uma atitude chata e inconveniente certamente não facilita a negociação.

Ao contrário das técnicas tradicionais de venda e fechamento de negócios, cada interação deve ter como objetivo estabelecer relacionamentos e compreender necessidades. É preciso que o cliente sinalize sua intenção para que a venda se concretize. Antes disso, vale a pena explorar as exigências e os projetos do cliente e só então apresentar o produto mais conveniente.

PASSO 41

É preciso parar de pensar em vender e priorizar o relacionamento com o cliente, compreendendo e satisfazendo suas necessidades da melhor forma.

DICA

Todas as equipes devem encarar o cliente como a principal razão de sua existência.

42 TERCEIRA MENTALIDADE: DINHEIRO

Entenda a diferença entre "custos negativos" e "custos positivos" e defina onde vale a pena investir e o que vale a pena cortar.

Um executivo certa vez me disse: "Lidar com o dinheiro é muito chato. Prefiro deixar que os contadores cuidem disso. Prefiro investir meu tempo com meus funcionários e clientes. É como faço as coisas acontecerem."

Infelizmente o dinheiro se tornou uma obsessão em muitas empresas, sobretudo no que diz respeito à redução de custos. Como diz o ditado, dinheiro não traz felicidade – ele apenas proporciona um número cada vez maior de clientes satisfeitos, atendidos por profissionais motivados e altamente eficientes.

A receita, o lucro e o valor acionário são os subprodutos importantes. É essa a mentalidade que deve existir em qualquer ramo de negócios. Para desenvolver esse conceito, é importante estabelecer a diferença entre "custos negativos" e "custos positivos".

Os primeiros levam à ineficiência e baixa qualidade e ao serviço e atendimento precários, situações que devem ser eliminadas. Já os custos positivos valorizam o negócio e geram receita, pois produzem eficiência, satisfação do cliente, qualidade e motivação. Infelizmente, poucas empresas conseguem diferenciar esses custos e acabam cortando serviços em detrimento do cliente e da própria empresa.

Conheço uma rede de hotéis cinco estrelas que costumava deixar uma garrafa de água mineral na mesinha-de-cabeceira e chocolatinhos nos travesseiros. As cortesias foram suspensas, junto com os frascos de condicionador do kit de higiene pessoal e os vasos de flores da recepção. Com o tempo, os móveis foram ficando velhos e precisando de reforma, mas nada foi feito. O resultado de todas essas medidas de contenção foi uma crescente insatisfação por parte dos clientes, que, aos poucos, passaram a se hospedar na concorrência. Com isso, a taxa de ocupação e os lucros diminuíram.

Nas empresas de aviação esse tipo de política é comum. Mesmo os passageiros da classe econômica recebiam suco ou água antes da decolagem e podiam escolher sua refeição em cardápios ilustrados, com direito a sorvete de sobremesa. Tudo isso foi cortado. Os clientes, é claro, percebem a queda no atendimento e, na primeira oportunidade, escolhem outra companhia que ofereça melhores serviços pelo mesmo preço. Histórias parecidas se repetem em outros setores.

Para ser uma empresa de sucesso, é preciso assegurar o máximo de satisfação dos clientes e o melhor desempenho dos funcionários. Para definir o que vale a pena cortar e o que vale a pena investir, é necessário responder à seguinte pergunta: "Este custo valoriza a empresa em termos de eficiência, satisfação do cliente, qualidade e motivação?" Se a resposta for "sim", pode-se considerar o item como um custo positivo. Se a resposta for "não", ele deve ser eliminado.

Para motivar seus funcionários, tudo o que você precisa fazer é deixar que eles decidam onde o investimento deve ser feito desde que esteja dentro do orçamento. Isso segue um princípio fundamental deste livro, a confiança.

PASSO 42

Reexamine seu orçamento e analise com sua equipe a diferença entre custos positivos e custos negativos. Em que categoria, por exemplo, se enquadra a viagem na classe executiva?

DICA

O modo como lidamos com dinheiro é reflexo do valor que damos ao dinheiro. Isso vale para o cliente e para a empresa.

43 QUARTA MENTALIDADE: PENSE POSITIVAMENTE

Adote a política do "dá para fazer", transforme o negativo em positivo e sempre diga "sim" aos funcionários.

Outra maneira de demonstrar seu otimismo a respeito de uma tarefa é dizer: "Pode ser feita." As pessoas construtivas, confiantes e afirmativas se comportam assim. Nada é problema para quem pensa positivamente. O verdadeiro líder faz qualquer coisa para ajudar.

Essa atitude já foi mencionada no capítulo 28 e é altamente motivadora. Os líderes que agem de forma proativa evitam que quaisquer eventos negativos os deprimam ou aborreçam. Assim que surge um problema, eles criam barreiras psicológicas que os impedem de acionar o "modo de reclamação" e de transferir o problema para os outros.

Quem se comporta de forma confiante não sofre da "síndrome de culpa" e não precisa de desculpas para justificar e explicar possíveis erros, falhas e contratempos. Como costuma ser apaixonada pelo que faz, esse tipo de pessoa está sempre disposto a aprender coisas novas, pois conhece suas próprias limitações e por isso mesmo sabe o que precisa superar para alcançar o que deseja na vida e no trabalho.

O resultado desse comportamento é a excelência. Profissionais com esse perfil costumam atingir altos padrões de qualidade e ultrapassar barreiras, em vez de se acomodar ao conforto e à segurança de sua rotina diária. Em geral, eles se concentram nas coisas positivas e tendem a ignorar as negativas. Mas, como vivem em um mundo imperfeito, precisam aceitar as falhas e limitações das pessoas. A perfeição é uma utopia.

De qualquer forma, eles não permitem que as coisas negativas os derrotem; muito pelo contrário: usam os erros e mal-entendidos para impulsioná-los em direção ao sucesso. Eles sabem que não dá para viver o sucesso sem conhecer o fracasso. Assim, quando enfrentam contratempos, não desistem.

Se você é um líder positivo e deseja motivar as pessoas, mantenha o foco na parte boa dos funcionários – use o que é negativo apenas como impulso para o aperfeiçoamento. Procure ajudar a equipe a desenvolver os pontos fortes e a minimizar os fracos. E tente fazer críticas apenas quando sentir que suas observações serão bem recebidas. Quando você mirar no que é positivo, as pessoas acabam fazendo comentários e sugestões úteis.

O mais importante é tentar dizer "sim" às solicitações. Para um chefe que pensa positivamente, quase tudo "dá para fazer".

Em Taiwan existe uma rede de salões de beleza chamada Mentor que distribui entre os funcionários um manual com todos os serviços que eles podem oferecer aos clientes e também com dicas de como eles devem se comportar. O manual recomenda que eles conversem sobre novos estilos de corte e penteado e sobre as novidades em cosméticos, e abre até a possibilidade de iniciarem uma relação de amizade. Em essência, a filosofia da empresa é baseada na positividade.

Karmjit Singh, executivo sênior da Singapore Airlines Terminal Services, criou uma campanha do "sim" (já em sua quinta temporada), cuja idéia básica é oferecer um atendimento excepcional no Aeroporto Changi.

PASSO 43

Faça uma experiência: diga "sim" a todo pedido e sugestão que receber. Procure identificar os pontos positivos dos integrantes de sua equipe e trate de festejá-los.

DICA

"Não" é a palavra mais desestimulante que existe. "Sim" é a mais inspiradora.

44 QUINTA MENTALIDADE: ATITUDE 110%

Ultrapasse as normas, tenha metas arrojadas e se esforce ao máximo.

Para ser bem-sucedido nos negócios você não pode dar-se ao luxo de ter uma postura egoísta. Não dá para ficar na zona de conforto, esperando que a vida seja generosa e lhe proporcione mais por menos. Na verdade, para conquistar o sucesso é preciso se esforçar e, em geral, dar mais do que se recebe.

A palavra-chave é sacrifício. Não há como conquistar nada sem algum tipo de privação inicial. Por exemplo, para completar a maratona é preciso treinar por meses a fio e sacrificar muitas horas de lazer e descanso. O mesmo se aplica à tarefa de atingir um atendimento e serviço de primeira classe: para isso, o gestor precisa dedicar tempo e recursos em treinamento para que a equipe consiga cumprir essa meta.

Ou seja, não existem facilidades. Para ter sucesso é fundamental se esforçar ao máximo – investir seu tempo, sua energia e suas habilidades –, com a confiança de que haverá uma recompensa. Veja o que significa ter uma atitude 110%:

- Dedicar nove horas de trabalho quando o contrato estabelece oito.
- Não poupar tempo nem esforço para ajudar um funcionário a resolver um problema que já vem se arrastando há tempos.
- Ser generoso; usar o próprio dinheiro para pagar uma rodada de bebidas para sua equipe na happy hour.
- Todas as coisas adicionais que você faz para/pelo cliente sem cobrar nada por isso (por exemplo, não cobrar taxa de entrega em uma ocasião especial).
- Oferecer um desconto na décima vez em que o cliente compra em sua empresa.
- Premiar um funcionário que tenha se destacado.
- Deixar de fazer algo que você quer para atender uma solicitação da outra pessoa.
- Trabalhar no fim de semana para concluir um projeto.
- Canalizar toda a sua energia para um cliente importante.

A atitude 110% é muito importante para motivar uma equipe. As pessoas se sentem mais seguras porque sabem que podem contar com a ajuda dos líderes nos momentos difíceis. Os bons líderes ficam depois do expediente sempre que necessário e chegam a trabalhar nos fins de semana para dar conta do trabalho acumulado. Enfim, não economizam esforços para motivar a equipe e agradar os clientes. São capazes de sacrificar seu tempo e conforto pessoal ou de gastar seu próprio dinheiro para solucionar algum problema de última hora.

De maneira geral, esse tipo de chefe estabelece uma meta arrojada, de dar mais de 100%, pois sabe que muitos funcionários fazem o mínimo esforço necessário para cumprir suas tarefas básicas. Ao demonstrar uma atitude 110%, o chefe ganha uma vantagem competitiva porque sabe que qualquer dedicação extra o ajudará a atingir resultados muito melhores do que os obtidos até então. Ao oferecer mais aos clientes, ele garante sua satisfação, e, ao investir em seus funcionários, assegura sua motivação.

A atitude 110% é contagiosa. Quando a equipe vê o chefe dando o máximo de si mesmo, procura fazer o mesmo.

PASSO 44

Pergunte a si mesmo se a sua atitude é 90%, 100% ou 110% no que diz respeito ao seu trabalho como líder.

DICA

Se você não se esforçar para render 110%, um de seus concorrentes o ultrapassará.

45 SEXTA MENTALIDADE: FAÇA A DIFERENÇA

Dedique-se a encontrar soluções melhores e mais eficientes – de preferência, inéditas.

Nos negócios como na vida, nada é permanente – tudo muda o tempo todo. O prestígio, o cargo, a repetição de práticas de sucesso usadas pelos antigos mestres – nada disso garante a ninguém um futuro brilhante. Em outras palavras, se você não se dedicar a encontrar uma alternativa melhor e mais eficiente, um de seus concorrentes o fará.

Para ser bem-sucedido nessa batalha é necessário ter a habilidade de questionar tudo o que acontece, perguntando sempre à sua equipe e a você mesmo o seguinte: "Esta é mesmo a melhor e única saída? Será que não existe uma maneira diferente de fazer isso?"

Será que...

- Este é o melhor/único produto que temos? Será que podemos arranjar um produto (ou produtos) melhor/diferente?
- Esta é a maneira certa de atender nossos clientes? Não há outra melhor/diferente?
- Esta é a maneira correta de trabalhar? Será que não existe outra melhor/diferente?
- Esta é a forma correta de gerenciar a empresa? Existiria outra melhor/diferente?
- Este é realmente o método certo de motivar a equipe? Poderíamos encontrar outro?
- Será que a publicidade de nossos produtos e serviços é eficiente? Será que existe outra opção melhor/diferente?
- Este é o jeito certo de tocar o negócio? Será que não existe um método melhor/diferente?
- Etc., etc.

Na verdade, quase tudo pode ser feito de um jeito melhor ou diferente. A mudança é um elemento essencial aos negócios, e os melhores líderes estão sempre buscando novas idéias e oportunidades que sirvam de laboratório para seus métodos inovadores.

Eles pesquisam incansavelmente o que está sendo feito em outros mercados, de modo a criar abordagens inéditas, e estão preparados para correr riscos e investir tempo e dinheiro em suas equipes se elas apresentarem projetos inovadores. Sem dúvida alguma, uma atitude motivadora.

As possibilidades de agradar o cliente são infinitas. Um taxista na África do Sul teve a idéia de colocar uma caixa de isopor no banco da frente e passou a oferecer suco e água mineral como cortesia a quem embarcava em seu carro no Aeroporto de Johanesburgo. Em Nova York, outro taxista criou um menu musical. Ou seja, o passageiro podia escolher entre jazz, ópera, rock, pop ou simplesmente o silêncio.

Na sede da Nike, os funcionários têm autorização para montar seus próprios horários de trabalho e decidir se preferem trabalhar em casa ou freqüentar o escritório. A Happy Computers oferece uma taça de sorvete às quatro da tarde todos os dias a todos que estiverem presentes na rua Adler, em Londres, independentemente de serem clientes, funcionários, motoristas de vans, seguranças ou visitantes. A empresa também incentiva o pessoal a usar o horário de trabalho para ajudar instituições de caridade.

Para ser bem-sucedido nos negócios é preciso buscar sempre novas idéias, sair na frente e implementar as que forem mais atraentes. E, claro, tentar fazer a diferença todos os dias.

PASSO 45

Trace como objetivo pessoal implementar uma nova idéia por mês, tenha ela sido sugerida por um funcionário ou por você mesmo.

DICA

Faça a diferença. Torne-se um pioneiro.

LÍDERES EXPRESSIVOS E INTERESSANTES

Todos os melhores chefes que tive até hoje eram um pouco excêntricos ou, como foi mencionado no capítulo 45, "sabiam como fazer a diferença". Eles apresentavam características extremamente atípicas, mas agradavam às pessoas. Um deles costumava usar meias amarelas ou vermelhas, sendo que certa vez colocou um pé de cada cor. Em outra ocasião, chegou a vir trabalhar com um sapato marrom e outro preto. Ele havia se levantado cedo e se vestido no escuro para não ter de acender a luz e acordar a esposa.

Outro chefe era para lá de indiscreto, mas todo mundo o adorava por isso. Seus comentários eram engraçados e animavam o bate-papo na hora do cafezinho. Ele adorava citar um executivo famoso que costumava perguntar ao seu filho, que trabalhava na empresa: "Quantas vezes ainda vou precisar demiti-lo até que aprenda a fazer o que lhe mandam?"

Para motivar as pessoas e ser um líder inspirador é preciso ter uma personalidade expressiva e interessante.

46 SEJA INDISCRETO

A indiscrição é o segredo da motivação, pois deixa as pessoas à vontade, livres para pensar e agir.

O mundo gira em torno de fofocas, escândalos, rumores e boatos fascinantes. As declarações oficiais raramente entusiasmam as pessoas. O que realmente estimula as relações sociais é a mídia divulgar especulações, fatos infundados e declarações contraditórias.

A indiscrição faz parte do jogo social. Quem já não deixou escapar alguma informação que oficialmente não poderia ser divulgada ou revelou algum detalhe "apimentado" que as pessoas prefeririam manter em segredo? No fundo, a inconfidência é uma declaração de confiança que traz a seguinte mensagem subliminar: "Vou abrir minha intimidade e contar alguns segredos porque confio em você."

O líder muito discreto e reservado acaba tendo problemas para se entrosar com seus funcionários. Como a maioria adora conversar sobre o que está acontecendo no trabalho e ele se mantém longe da fofoca, as pessoas naturalmente se afastam. A formalidade na comunicação não é nada atraente.

A informalidade é o segredo da motivação, pois deixa as pessoas livres para pensar e agir, em oposição às restrições da propaganda, da programação do pensamento e do comportamento disciplinado. Quando as pessoas estão à vontade elas se sentem mais estimuladas a trocar idéias. Isso pode ocorrer tanto em uma reunião formal quanto em encontros inesperados.

O debate, a democracia e a liberdade de expressão são desorganizados por natureza. Não podem ser enquadrados nas regras de uma conversa oficial. Em minha opinião, um pouquinho de confusão não faz mal a ninguém. Não é por acaso que os ambientes limpos e assépticos (quase hospitalares) parecem carecer de um toque humano.

A indiscrição é a sujeirinha (confusão) que nos mantém vivos, renovados e entusiasmados. Ela evita que nos tornemos robôs, programados para pensar e agir exatamente como nossos mestres mandarem.

Existem regras subentendidas, é claro. Ser indiscreto não significa ser malicioso, inescrupuloso, muito menos vingativo. Seu objetivo é manter o frescor e o ânimo dos funcionários com um estoque sempre atualizado de notícias extra-oficiais (sempre à frente das entediantes declarações oficiais).

> **Indiscrição motivacional**
>
> "Estou lhe contando isso em caráter confidencial..."
>
> "Jurei guardar segredo. Você tem de me prometer que não vai contar a ninguém..."
>
> "Tenho um segredo para lhe contar..."
>
> "Eu não deveria lhe contar, mas..."
>
> "O que vou lhe contar fica só entre nós..."

A indiscrição não se restringe apenas aos fatos que, em tese, deveriam ser mantidos em segredo. Ela pode abordar também as idéias do líder que todos conhecem. Os funcionários sempre gostam de saber a opinião do chefe, por exemplo, a respeito da nova diretora: "Para ser sincero, achei a 'figura' um pouco metida e muito cheia de si – na verdade, meio parecida comigo."

Os bons líderes usam a indiscrição de forma inteligente, como um instrumento de motivação para sua equipe. Dizem o que pensam em sigilo, o que aumenta a curiosidade de todos e os deixa com a fama de quem "está por dentro de tudo". Essa tática, entretanto, é perigosa para quem ocupa um cargo de confiança e não pode revelar informações ou dar opiniões a respeito de alguém. É um risco, mas vale a pena.

Por fim, a indiscrição precisa estar relacionada ao que está acontecendo em outros setores da empresa. Quando uma mudança afeta alguém, a pessoa envolvida deve ser a primeira a saber. Ninguém mais.

PASSO 46

Descubra o que seus funcionários querem saber e informe-os, mesmo que tenha que cometer uma indiscrição.

DICA

A indiscrição é uma demonstração de confiança. Quanto mais você confia em alguém, mais indiscreto será.

47 TENHA UMA ATITUDE POSITIVA E FELIZ

Observe o que deixa você feliz no trabalho e então demonstre sua felicidade.

Se há uma coisa que o líder pode – e deve – fazer diariamente é expressar sua felicidade. Ainda mais se tudo estiver correndo bem e a equipe bastante motivada e empenhada em atingir seu objetivo.

Demonstre seu bem-estar

- Ao chegar ao trabalho.
- Ao cumprimentar os clientes.
- Ao se encontrar com os funcionários.
- Quando estiver dando início a uma reunião.
- Quando alguém pedir ajuda para resolver um problema.
- Ao mostrar o escritório a um diretor.
- Quando os funcionários lhe contarem alguma novidade interessante.
- Quando os funcionários fizerem algo positivo.

A felicidade é uma clara demonstração de que a pessoa pensa positivamente. A felicidade, inclusive, é uma questão de escolha, só que nem todo mundo sabe que tem essa opção. O resultado é que as pessoas reagem instintivamente aos fatos e às ações dos outros. Se elas vêem algo engraçado, riem felizes; se algo dá errado, "fecham a cara" e se sentem infelizes.

Para a maioria, a felicidade (ou a infelicidade) é um sentimento contagiante. A funcionária pública Raquel descreve como o comportamento de sua chefe afeta o ânimo da equipe: "Júlia geralmente chega toda sorridente e serelepe, contagiando todo mundo com seu entusiasmo. Entretanto, volta e meia ela sai da sala do diretor-geral cabisbaixa e amuada. Nesses momentos, ela solta os cachorros por qualquer coisa. Mas todo mundo fica na sua, cuidando de seus afazeres, com o rabo entre as pernas."

O humor de uma pessoa pode influenciar significativamente os outros. Ricardo, gerente do departamento de pessoal em uma distribuidora de produtos de limpeza, concorda: "Só de olhar o rosto de minha esposa já sei como está o seu humor. A mesma coisa acontece quando a gente se fala por telefone: seu tom de voz ao atender a ligação me diz tudo. Posso ficar tranqüilo ou de antena ligada."

A felicidade é uma opção.

Pedro, subgerente de uma empresa de transporte, diz que presta atenção aos humores do chefe para saber como agir: "Se quisermos pedir alguma coisa, como uma folga que não esteja dentro da programação, temos que analisar seu estado de espírito. Se fizermos o pedido num dia em que ele estiver de mal com a vida, pode esquecer."

Poucas pessoas sabem que a felicidade, ou a falta dela, pode exercer um impacto sobre os outros e sobre as decisões que elas tomam. Às vezes, elas nem sequer têm consciência de que estão de mau humor.

Uma das habilidades motivacionais mais eficientes é ajudar as pessoas a desenvolverem um alto grau de autoconsciência e a adotarem uma atitude positiva e feliz. Essa é uma tarefa relativamente fácil. Você só precisa prestar atenção nas coisas boas da vida. Acredite ou não, a felicidade é um sentimento simples e fácil de ser conquistado. Basta estar disposto a procurar. Se, no entanto, você se concentrar nos problemas, nas más ações e nas coisas que podem dar errado, ficará sempre de má vontade com a vida e isso se refletirá em sua expressão facial e corporal. Conseqüentemente, sua equipe também refletirá esse desânimo.

O segredo é se levantar todas as manhãs e mentalizar as coisas agradáveis que você fará naquele dia. Assim, a felicidade e a motivação tornam-se uma profecia auto-realizável – ou seja, basta olhar o lado positivo das coisas. Isso pode ser feito até mesmo durante tempos de crise. Afinal, tudo tem o seu lado positivo e sempre pode melhorar. É esse o espírito.

PASSO 47

Realize uma auditoria da felicidade. Peça que as pessoas respondam com toda a sinceridade: "Você é feliz no trabalho?" É importante que você busque uma solução para as questões que elas identifiquem como causa de tristeza e insatisfação.

DICA

Onde há esperança sempre pode haver felicidade. Esse princípio é uma verdade imutável.

48 FELICIDADE EM EXCESSO É PREJUDICIAL

Faça uma análise realista da situação e acrescente uma dose de tristeza de vez em quando.

A infelicidade anda de mãos dadas com a felicidade. O segredo é deixar o "copo da felicidade" meio cheio e o "copo da infelicidade" meio vazio. Ou seja, alegre-se com a melhora de desempenho da sua equipe, mas não tente evitar a sensação de frustração pelo fato de a mudança ainda não ser boa o suficiente.

Felicidade em excesso pode levar à comodidade, à arrogância, à presunção e à falta de visão. O sucesso é como uma droga – causa uma ótima sensação, mas, em demasia, é prejudicial à saúde. O único risco de manter uma atitude positiva diante da vida é não perceber o lado negativo das coisas. Todo mundo sabe que não dá para ser 100% feliz. Tudo o que sobe desce, mais cedo ou mais tarde.

Para progredir na vida pessoal e profissional é preciso de vez em quando sentir a dor da imperfeição. A lição é clara. É melhor aprender a lidar com a infelicidade do que fingir que a vida é um mar de rosas. Não se engane nem tente se convencer de que está tudo às mil maravilhas. Isso não é verdade. O mundo em que vivemos está bem longe da perfeição.

O mesmo se aplica ao trabalho. O segredo do sucesso é identificar os problemas (que os otimistas chamam de desafios) que deixam os clientes, os acionistas e, obviamente, os funcionários insatisfeitos.

A felicidade e a infelicidade são dois lados da mesma moeda. Você pode estar infeliz por não ter conseguido fechar o contrato por causa de um erro nos cálculos de seu assistente, mas pode estar satisfeito por ter aprendido uma lição e também porque agora um novo desafio o aguarda. Pensar positivamente não significa fingir que as coisas ruins não existem. Eles existem sim e são responsáveis por sua cota de infelicidade. O importante é descobrir como fazer de um limão uma limonada.

A frustração é um sentimento normal quando as coisas não acontecem do modo esperado. A forma como Júlio se comportou na despedida do Marcos ontem à noite, o fato de não ter sido informado com antecedência por seu chefe das últimas mudanças e descobrir que sua equipe já sabia de tudo antes de você, ou ainda a perda de um cliente insatisfeito para a concorrência – tudo isso obviamente o deixou muito triste e chateado.

A menos que haja algo errado com você, é natural se entristecer com esses contratempos. Não dá para ser feliz o tempo todo.

É verdade que as coisas boas que consegue identificar no trabalho o deixam feliz, mas não é possível não se deixar entristecer com as falhas que, às vezes, você e sua equipe precisam consertar. É só usar o bom senso e escolher a hora certa de motivar as pessoas. Tanto a felicidade quanto a infelicidade podem ser úteis e eficazes para o aprimoramento e crescimento das pessoas.

Alguns funcionários acusam os chefes de nunca estarem satisfeitos, mas há também os que reclamam dos chefes que se mostram satisfeitos demais. O ideal é buscar o equilíbrio, embora uma dose eventual de saudável infelicidade possa ser muito bem-vinda. É o doce e o amargo.

PASSO 48

Realize uma auditoria no grau de infelicidade de sua equipe. Peça que as pessoas respondam com toda a sinceridade: "Você é infeliz no trabalho?" E busque soluções para as razões da tristeza e da insatisfação.

DICA

A infelicidade pode ser um fantástico instrumento de motivação. Utilize-a de vez em quando a seu favor.

49 MOTIVE AS PESSOAS COM IDÉIAS SIMPLES, PORÉM CRIATIVAS

Experimente novos recursos para despertar o interesse de seus funcionários e deixá-los com ânimo e disposição para o trabalho.

Os grandes inimigos do sucesso nos negócios são a repetição, a regra, a rotina, a busca pelo óbvio e a aplicação das melhores práticas e experiências de gestão (agora designadas como políticas e procedimentos).

As pessoas não se motivam quando têm de fazer a mesma coisa todo dia. Também não ficam satisfeitas quando percebem que seu chefe está tentando motivá-las usando técnicas ultrapassadas.

Como estão expostas a uma grande variedade de estímulos, se o líder não experimentar novos recursos para despertar o interesse de seus funcionários, há grandes chances de sua equipe perder o entusiasmo e a energia, como demonstra o gráfico a seguir:

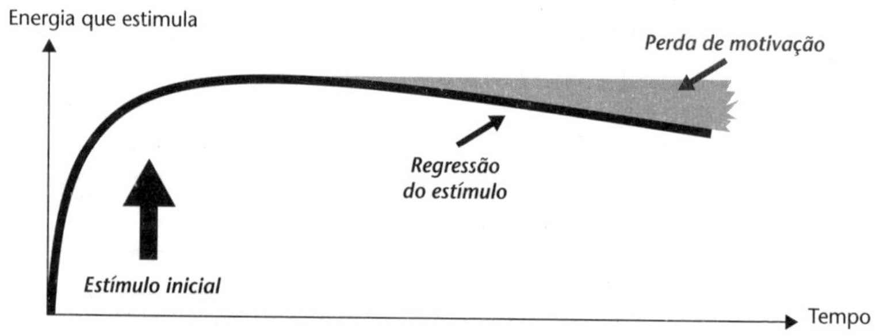

A curva do estímulo

Não é novidade para ninguém que o efeito de um único estímulo (como, por exemplo, um aumento salarial ou mesmo um piquenique com a equipe ou um curso interessante) é temporário.

Inicialmente, o prêmio deixa o colaborador animado e com disposição, mas com o passar do tempo sua influência vai diminuindo e a pessoa precisa receber uma nova vantagem para manter o pique, o que acaba influenciando negativamente sua motivação.

Os líderes eficazes estão sempre testando novas idéias para manter suas equipes superentusiasmadas com o trabalho. É o que ilustramos no diagrama a seguir:

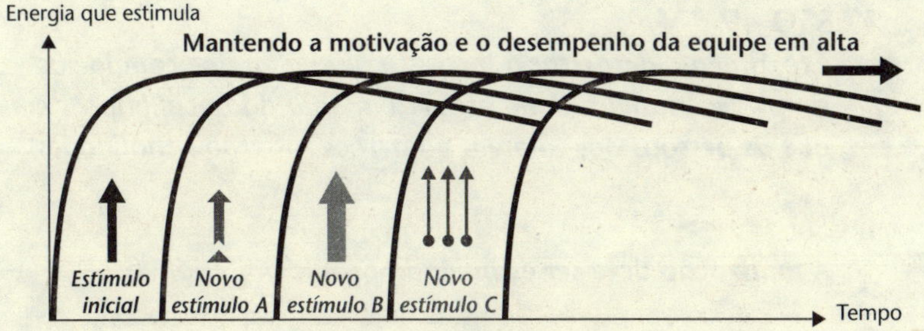

O efeito do estímulo

A seguir, algumas idéias simples, porém criativas, para você despertar o interesse de sua equipe:

- Incentive as pessoas a reservarem um tempo para ajudar alguma instituição de caridade ou fazer um trabalho comunitário.
- Experimente um novo código de vestuário (exemplo: todos devem usar amarelo às quintas-feiras).
- Organize uma série de workshops conduzida por um algum especialista.
- Crie "dias temáticos": um Dia do Nordeste, por exemplo, no qual todos devem trazer algo que se relacione à cultura daquela região.
- Realize jogos e gincanas que estimulem o conhecimento dos produtos com os quais a empresa trabalha.
- Escolha uma palavra (conceito) diferente por dia, de modo que inspire e motive as pessoas no ambiente de trabalho. Pode ser "escutar" (ocasião na qual nos concentramos em escutar os clientes e colegas) na segunda-feira, "especial" (concentramo-nos em fazer algo especial pelas pessoas) na terça-feira, "sorriso" (sorrimos para todos com quem cruzamos naquele dia) na quarta-feira, "curiosidade" (fazemos com que as pessoas falem sobre si mesmas) na quinta-feira e, finalmente, "hospitalidade" (concentramo-nos na tarefa de fazer com que todos se sintam em casa, oferecendo-lhes chá, café, etc.) na sexta-feira.

Desenvolver um estilo criativo para prender a atenção das pessoas faz com que elas se sintam à vontade para dar sugestões diferentes, o que por si só já demonstra um alto nível de comprometimento e entusiasmo pelo trabalho.

PASSO 49

Experimente despertar o interesse de sua equipe com idéias simples e criativas. Pode até ser um "dia da boca limpa", em que as pessoas que falarem palavrões sofrerão penalidades.

DICA

A motivação deve ser estimulada com idéias criativas.

50 A IMPORTÂNCIA DE RELAXAR E RECARREGAR AS BATERIAS

Reserve um tempo para refletir sobre suas realizações e projetos futuros. O corre-corre é altamente frustrante.

Chega uma hora em que é preciso dar uma parada no trabalho. É nesse momento que surge a necessidade de um tempo para relaxar, refletir sobre as coisas que aconteceram, analisar as possibilidades e recarregar as baterias.

O líder eficaz não se desgasta tentando manter um ritmo frenético, com a agenda sempre lotada de compromissos inadiáveis. Isso pode ser altamente desestimulante para as pessoas que trabalham ao seu redor. Um chefe que nunca pára tende a deixar sua equipe estressada. O risco é ele perder a noção da verdadeira importância das coisas à medida que tenta dar conta de tudo: responder e-mails, atender o celular e participar de reuniões (programadas e não programadas), sem contar a papelada.

Em meio a tantos compromissos, a maioria tem dificuldade em encontrar um tempo para refletir sobre os acontecimentos. Porém, é isso que diferencia os melhores chefes dos outros. Quem não consegue fazer isso corre o risco de sofrer de miopia e, como conseqüência, perder a perspectiva, tornando-se incapaz de analisar o cenário de forma mais abrangente e compreender o rumo das coisas. Os verdadeiros líderes sabem que não podem perder de vista seus objetivos e o papel que exercem dentro da empresa.

Nós temos padrões preestabelecidos de raciocínio e, a menos que dediquemos tempo para analisar os novos cenários que estão surgindo, não temos no que nos basearmos para dar forma aos acontecimentos e ao esforço que a situação exige. Passamos a vivenciar os fatos isoladamente, sem perceber o significado de cada um deles e o impacto que exercem na tendência geral das coisas.

Por isso, faça uma caminhada todos os dias para oxigenar as idéias e esquecer as preocupações imediatas. Isso o ajudará a renovar a energia mental e a ter novas idéias e perspectivas. Além do mais, vai ajudá-lo a manter a equipe supermotivada.

Se você deixar que a agenda superlotada e o estresse tomem conta de sua vida, vai perceber que sua visão periférica ficará mais restrita. Para ter uma visão panorâmica – do passado, do presente e do futuro – é essencial relaxar os "músculos mentais" e dar uma "massageada no cérebro".

Dê uma parada no trabalho e dedique meia hora por dia para relaxar. A natureza (árvores, flores, lagos, rios) e a arte (esculturas e pinturas) podem servir de estímulo para um novo fluxo de idéias. Retiros de dois dias com a equipe, workshops e seminários na própria empresa também cumprem bem esse papel.

Outra idéia é planejar pequenas férias de três em três meses. Viaje, faça um programa diferente – o importante é conseguir ampliar sua percepção e refinar sua perspectiva da situação. Questione-se: "Será que você se permitiu cair na rotina e se tornou muito previsível, pouco exigente, criativo e desafiador?"

Essas pequenas pausas são fundamentais para reavaliar a sua própria motivação e a de sua equipe. Tente inovar, criar idéias estimulantes e explorar cada possibilidade. Resista à tentação de rejeitar o que é diferente – nada de alegar que "não vai dar porque nunca fiz isso na vida".

Volte de seu "descanso" preparado para surpreender (mas não exagere na dose; não faça nada que impeça sua equipe de reconhecê-lo). Se as pessoas estão acostumadas a vê-lo de terno e gravata, apareça de jeans. Qualquer mudança, mesmo que pequena, estimula o debate e o interesse das pessoas, pois canaliza as energias de seus funcionários em novas direções – possivelmente mais estimulantes.

PASSO 50

Pare tudo e vá dar uma volta. Diga que você vai sair para tomar um ar fresco. Incentive seus funcionários a fazer o mesmo. A cada três ou quatro meses, organize um retiro de dois dias com sua equipe para refletir sobre como vocês estão conduzindo a empresa: agora, no passado e no futuro.

DICA

Para recuperar sua energia é preciso recarregar as baterias mentais, emocionais e espirituais.

AGRADECIMENTOS

Escrever um livro dificilmente é um processo suave em que o autor produz um original perfeito, que se transforma em um livro perfeito. Com freqüência, o produto final melhora substancialmente com as contribuições de integrantes da equipe que trabalham nos bastidores, aconselhando e encorajando o autor a fazer mudanças. Pode ser trabalhoso e devo confessar que não sou o autor mais fácil de se lidar nesse aspecto. É fácil dar conselhos, mas não aceitá-los.

Pensei ter escrito o livro perfeito até que Nicholas Brealey, meu editor, cuja paciência devo ter exaurido, me convenceu de que o texto poderia melhorar. Retrospectivamente, vejo que ele estava certo. Sinto-me em dívida com Nicholas e com sua excelente equipe de apoio – Victoria Bullock, Angie Tainsh e Sally Lansdell –, por suas sugestões e sua paciência em lidar comigo.

Como em muitas ocasiões anteriores, minha esposa Mechi foi supercompreensiva com minhas ausências, no período em que eu estava pesquisando e escrevendo este livro (e seu livro gêmeo). Ela também deu muitas contribuições, pelo que lhe agradeço.

Entretanto, a inspiração primordial vem dos muitos profissionais de altíssimo nível que tive o privilégio de conhecer pelo mundo afora. De vendedores a diretores-executivos cuja abordagem moderna – orientada para as pessoas e focalizada no cliente – é mencionada neste livro, eu gostaria de agradecer a cada um pela inspiração.

CONHEÇA OUTRO TÍTULO DE DAVID FREEMANTLE

DE OLHO NO CLIENTE

"O ouro no coração da pessoa é mais precioso do que o ouro em seu bolso."
Confúcio

Que o sucesso de uma empresa depende basicamente dos clientes, todo mundo sabe. O que nem todos sabem – e este livro revela – é que os pequenos gestos e os detalhes são a estratégia mais eficiente para conquistar o coração e a alma do cliente.

David Freemantle não tem dúvida de que é preciso aproveitar cada oportunidade para agradar o cliente, de preferência sem se tornar repetitivo, monótono ou inconveniente. Por isso, as 50 dicas que o autor apresenta neste livro mostram como estabelecer um relacionamento agradável e produtivo, baseado em pequenas gentilezas, bom humor e competência.

Para construir um relacionamento vibrante, é fundamental motivar os profissionais de atendimento e transformar cada minuto com o cliente numa experiência positiva para ambos os lados. Afinal, é o pessoal de atendimento que injeta energia, vitalidade e calor nas relações com o cliente – e permite que a empresa colha as recompensas.

Se você deseja criar vínculos fortes com seus clientes, siga os seguintes conselhos:

- Seja criativo: invente novas maneiras de fazer os clientes se sentirem especiais.
- Ouça o que eles têm a dizer, mesmo que sejam críticas ou reclamações.
- Ria com eles. O bom humor reduz o estresse envolvido na negociação.

INFORMAÇÕES SOBRE OS PRÓXIMOS LANÇAMENTOS

Para receber informações sobre os lançamentos da EDITORA SEXTANTE, basta cadastrar-se diretamente no site www.sextante.com.br

Para saber mais sobre nossos títulos e autores, e enviar seus comentários sobre este livro, visite o nosso site§ www.sextante.com.br ou mande um e-mail para atendimento@esextante.com.br

Editora Sextante
Rua Voluntários da Pátria, 45 / 1.404 – Botafogo
Rio de Janeiro – RJ – 22270-000 – Brasil
Telefone (21) 2286-9944 – Fax (21) 2286-9244
E-mail: atendimento@esextante.com.br